Iris Blasius

Risikomanagement in Standardsoftwareprojekten

WIRTSCHAFTSINFORMATIK

Iris Blasius

Risikomanagement in Standardsoftwareprojekten

Die Implementierung
integrierter betrieblicher Systeme

Mit einem Geleitwort von Prof. Dr. Manfred Grauer

Deutscher Universitäts-Verlag

Bibliografische Information Der Deutschen Bibliothek
Die Deutsche Bibliothek verzeichnet diese Publikation in der Deutschen Nationalbibliografie;
detaillierte bibliografische Daten sind im Internet über <http://dnb.ddb.de> abrufbar.

Dissertation Universität Siegen, 2003

1. Auflage April 2004

Alle Rechte vorbehalten
© Deutscher Universitäts-Verlag/GWV Fachverlage GmbH, Wiesbaden 2004

Lektorat: Ute Wrasmann / Britta Göhrisch-Radmacher

Der Deutsche Universitäts-Verlag ist ein Unternehmen von Springer Science+Business Media.
www.duv.de

Das Werk einschließlich aller seiner Teile ist urheberrechtlich geschützt.
Jede Verwertung außerhalb der engen Grenzen des Urheberrechtsgesetzes
ist ohne Zustimmung des Verlags unzulässig und strafbar. Das gilt insbesondere für Vervielfältigungen, Übersetzungen, Mikroverfilmungen und die
Einspeicherung und Verarbeitung in elektronischen Systemen.

Die Wiedergabe von Gebrauchsnamen, Handelsnamen, Warenbezeichnungen usw. in diesem
Werk berechtigt auch ohne besondere Kennzeichnung nicht zu der Annahme, dass solche
Namen im Sinne der Warenzeichen- und Markenschutz-Gesetzgebung als frei zu betrachten
wären und daher von jedermann benutzt werden dürften.

Umschlaggestaltung: Regine Zimmer, Dipl.-Designerin, Frankfurt/Main
Druck und Buchbinder: Rosch-Buch, Scheßlitz
Gedruckt auf säurefreiem und chlorfrei gebleichtem Papier
Printed in Germany

ISBN 3-8244-2182-8

Geleitwort

Das Risiko des Eintretens nicht sicher vorhersagbarer Ereignisse nimmt für unternehmerische Aktivitäten eine immer existenziellere Bedeutung an. Durch die zunehmende Integration von Geschäftsprozessen sowie die Globalisierung unternehmerischer Aktivitäten sind die Konsequenzen von Risiken nicht mehr lokal beschränkt. So fordert der Gesetzgeber in Deutschland mit dem Gesetz zur Kontrolle und Transparenz im Unternehmensbereich (KonTraG) dazu auf, wesentliche Unternehmensrisiken systematisch im Rahmen eines Früherkennungssystems zu erfassen.

Für ein solches System gibt es bisher nur wenige wissenschaftliche methodische Erkenntnisse. Für den Fall der vollständigen Neuerstellung von Software sind im Rahmen des Fachgebietes Software-Engineering Vorgehensmodelle, Qualitätsmerkmale und Projektmanagementmethoden entwickelt worden, die gestatten, das Risiko einzugrenzen. Für das Risiko der Implementierung von betrieblicher Standardsoftware, ein Vorhaben, das normalerweise mit einem Reengineering der Geschäftsprozesse im Unternehmen und der Neuerstellung von Software für notwendige Schnittstellen verbunden ist, gibt es bisher kaum wissenschaftliche Ansätze. Frau Blasius widmet sich mit ihrer Arbeit somit einem in der unternehmerischen Praxis ganz wesentlichen Thema, das bisher wissenschaftlich wenig aufgearbeitet ist und das zu den Kerngebieten des Faches Wirtschaftsinformatik gehört.

Nach einer kurzen Einleitung spezifiziert Frau Blasius die Begriffe Risiko, Risikomanagement und Projektmanagement für die weitere Verwendung in der Arbeit. Die Anforderungen an Risikomanagementmethoden werden anhand einer Umfrage bei SAP-Kunden erarbeitet. Mit der Genehmigung und Unterstützung ihres Arbeitgebers SAP, war es Frau Blasius möglich, eine solche Befragung durchzuführen. Die Umfrage zeigt u.a., dass Risikomanagement in Unternehmen wenig entwickelt ist. Weiter zeigt sie, dass für die Befragten die Qualität der Projektdurchführung eine größere Bedeutung hat als Zeit und Kosten. Das ist plausibel, da eine schlecht (schnell und billig) implementierte Standardsoftware langfristig Wettbewerbsnachteile bringt und das Potenzial einer solchen Investition nicht ausnutzt.

Zur Entwicklung einer effektiven Unterstützung für das Risikomanagement in Standardsoftwareprojekten werden die bedeutensten derzeitigen Methoden des Risikomanagements analysiert und auf der Basis der Umfrageergebnisse kritisch gewertet. Als geeignete Methoden innerhalb des festgelegten Risikomanagementprozesses werden in der Phase *Chancen und Ziele bestimmen* die Stakeholderanalyse und in der Phase *Risiken identifizieren* die Expertenbefragung sowie die nominale Gruppentechnik gesehen. In der Phase *Risiken bewerten* wird die Delphi-Methode in abgewandelter Form und in der Phase *Risiken priorisieren* das Risikoportfolio als besonders zweckdienlich erachtet. Zur *Planung der Maßnahmen* wird das Ishikawa-Diagramm als hilfreich bewertet. Ein wissensbasiertes System wird ebenso als geeignet beurteilt. Bei der *Durchführung von Maßnahmen* werden vor allem Projektsteuerungsinstrumente als notwendig erachtet. Für die Phase *Überwachung und Risikobericht* wird von Frau Blasius eine Risikokennzahl vorgeschlagen, die die Kontrolle der Risikolage des Projektes im Verhältnis zu anderen Projekten gestattet und ebenso ermöglicht, den zeitlichen Verlauf der Risikolage zu verfolgen.

Aufbauend auf den erarbeiteten konzeptionellen Vorstellungen zur Unterstützung des Risikomanagements wird der Markt vorhandener Risikomanagementwerkzeuge analysiert. Da sich die vorhandenen Lösungen entweder auf die Monte-Carlo-Simulation ohne Erfassung der konkreten Risiken oder generell auf Unternehmensrisiken ohne Verbindung zum Projektplan beziehen, werden sie für Softwareprojekte als nicht geeignet bewertet. Als Konsequenz hat Frau Blasius ein eigenes Risikomanagementwerkzeug entworfen. Unter Nutzung der objektorientierten Modellierungssprache UML, einem wesentlichen Beschreibungsmittel der Wirtschaftsinformatik, werden sowohl die statische, die dynamische als auch die physische Struktur des Werkzeugs vorgestellt. Ein erster Test des Prototypen RiskGuide erfolgte offline mit einer exemplarischen Anwendung in einem international operierenden Unternehmen. Durch diesen Test konnten die softwaretechnische Umsetzung und die verwendeten methodischen Grundlagen zur Unterstützung des Risikomanagementprozesses in einem ersten Ansatz bestätigt werden.

Frau Blasius hat mit ihrer Arbeit auf einem praktisch sehr bedeutsamen und wissenschaftlich wenig aufgearbeiteten Gebiet einen wertvollen Beitrag geleistet. Die Arbeit ist natürlich sehr stark durch die Vorgehensweisen bei SAP geprägt. Das ist bei einem derartig dominierenden Marktführer kaum verwunderlich. Jedoch erlauben die Projekterfahrungen von Frau Blasius - als externe Doktorandin - Wissen in eine Dissertation einzubringen, welches an einer reinen Forschungseinrichtung nicht verfügbar ist.

Ich wünsche der Arbeit von Frau Blasius ein reges Interesse innerhalb der Wirtschaftsinformatik aber auch in der Praxis der Implementierung von Standardsoftware.

Manfred Grauer

Vorwort

Die vorliegende Arbeit gibt meine Dissertation wieder, die unter den Titel „Risikomanagement in Projekten zur Implementierung integrierter betrieblicher Standardsoftware" Ende 2003 vom Fachbereich Wirtschaftsinformatik der Universität Siegen angenommen wurde. Sie entstand extern neben meiner Tätigkeit als Consultant bei der SAP Deutschland GmbH & Co.KG.

In diesem Rahmen möchte ich all denen Dank aussprechen, die mich in vielen Gesprächen und Diskussionen während der Ausarbeitung der Dissertation unterstützt haben.

Allen voran möchte ich Herrn Univ.-Prof. Dr. Manfred Grauer meinen besonderen Dank aussprechen. Unbeirrt ließ er sich auf das Wagnis ein, mich als ehemalige Diplomandin auch nach sechs Jahren Universitätsabstinenz und zudem kurz vor der Geburt meines ersten Kindes als akademischer Lehrer zu betreuen. Durch sein persönliches Engagement, insbesondere seine Offenheit und sein Vertrauen hat er wesentlich zum Abschluss der Arbeit beigetragen. Herrn Univ.-Prof. Dr. Bernd Rieper danke ich für die Übernahme des Korreferats und wertvolle kritische Anregungen. Bei Herrn Univ.-Prof. Jürgen Berthel bedanke ich mich für seine Mitarbeit in der Promotionskommission.

Danken möchte ich ebenfalls meinen Kollegen bei der Firma SAP. Insbesondere Herrn Gerhard Berger und Herrn Walter Bachmann für ihre Förderung meiner Arbeit sowie Frau Ines Bilsing für die Unterstützung bei der Umsetzung des Prototypen. Bei den Kollegen aus dem Risk Management möchte ich mich besonderes bei Frau Christa Janssen-Gahler und Herrn Klaus Verschuer für die wichtigen Diskussionen und konkreten Anregungen bedanken. Ebenso gilt mein Dank Frau Rosemary Ismalou für das Korrekturlesen.

Iris Blasius

Inhaltsverzeichnis

Inhaltsverzeichnis VII

Abkürzungsverzeichnis XV

Eingetragene Warenzeichen XVI

Abbildungsverzeichnis XVII

Tabellenverzeichnis XXI

1 Einleitung 1

2 Analyse der spezifischen Elemente des Risikomanagements in Projekten zur Implementierung integrierter betrieblicher Standardsoftware 3

   2.1 Bedeutung und Abgrenzung des Begriffs Risiko 3
      2.1.1 Sichten des Begriffs Risiko in der Literatur 3
      2.1.2 Abgrenzungen und Einflussfaktoren des Begriffs Risiko 4
   2.2 Analyse des Begriffs Risikomanagement 5
      2.2.1 Definitionen des Begriffs Risikomanagement in der Literatur 5
      2.2.2 Bedeutung des Gesetzes zur Kontrolle und Transparenz im Unternehmensbereich 6
      2.2.3 Analyse der Phasenkonzepte in der Literatur und Festlegung der Risikomanagementphasen für Softwareprojekte 7
   2.3 Grundlegende Elemente des Projektmanagements am Beispiel von SAP®-Projekten 9
      2.3.1 Bedeutung des Projektmanagements in SAP®-Projekten 10
      2.3.2 Aufbau der Projektorganisation in SAP®-Projekten 11
      2.3.3 Aufgabe der Projektsteuerung und -kontrolle in SAP®-Projekten 13
      2.3.4 Überblick über das Vorgehensmodell in SAP®-Projekten 14
            2.3.4.1 Ziel der Phase Projektevaluierung 14
            2.3.4.2 Ziel der Phase Projektvorbereitung 15
            2.3.4.3 Ziel der Phase Fachkonzept 16
            2.3.4.4 Ziel der Phase Realisierung 16
            2.3.4.5 Ziel der Phase Produktionsvorbereitung 17
            2.3.4.6 Ziel der Phase Produktivstart und Support 18

3 Ermittlung der Anforderungen an Risikomanagementmethoden anhand einer Umfrage bei SAP®-Kunden ... 21

3.1 Ergebnis der Kundenumfrage hinsichtlich der Strukturierung von SAP®-Projekten ... 21
3.2 Ergebnis der Kundenumfrage hinsichtlich der Anforderungen in SAP®-Projekten ... 24
3.3 Ergebnis der Kundenumfrage hinsichtlich der Ist-Situation in SAP®-Projekten ... 26
3.4 Ergebnis der Kundenumfrage hinsichtlich der in SAP®-Projekten einsetzbaren Risikomanagementmethoden ... 30

4 Analyse der Methoden innerhalb des Risikomanagementprozesses und Beurteilung ihrer Eignung für Softwareprojekte ... 35

4.1 Grundlegende Elemente der Risikomanagementphase Chancen und Ziele bestimmen ... 36
    4.1.1 Analyse der Stakeholder zur Identifizierung der Interessenlagen ... 36
    4.1.2 Beschreibung der Nutzenkategorien für Softwareeinführungen unter Berücksichtigung des Projektkontextes ... 37
    4.1.3 Festlegung von Erfolgs- und Abbruchkriterien ... 39
4.2 Methoden in der Risikomanagementphase Risiken identifizieren und klassifizieren ... 40
    4.2.1 Grundlagen der Risikoformulierung und Quellen der Risikoidentifizierung ... 40
    4.2.2 Methoden zur Unterstützung der Risikoidentifikation ... 41
        4.2.2.1 Einzelinterview bei der Expertenbefragung ... 41
        4.2.2.2 Informationsaustausch beim Braintorming ... 42
        4.2.2.3 Informationssammlung bei der Nominalen Gruppentechnik ... 43
        4.2.2.4 Vergleich der Risikolage bei der Analogiemethode ... 44
        4.2.2.5 Kontrolle der Risikolage mit Checklisten ... 45
    4.2.3 Klassifizierung der Risiken in der Literatur und in Projekten zur Implementierung integrierter betrieblicher Standardsoftware ... 46
4.3 Methoden in der Risikomanagementphase Risiken quantifizieren ... 49
    4.3.1 Risikobewertung inklusive Betrachtung der zeitlichen Komponente ... 49
    4.3.2 Methoden zur Quantifizierung der Risiken ... 52

- 4.3.2.1 Delphi-Methode zur Ermittlung einer breiten Expertenmeinung 52
- 4.3.2.2 Monte-Carlo-Simulation zur Ermittlung des Gesamtrisikos .. 53
- 4.3.2.3 Program Evaluation and Review Technique (PERT) zur Ermittlung des Gesamtrisikos 55
- 4.3.2.4 Probabilistic-Event-Analyse (PEA) zur Ermittlung von Kennzahlen 57
- 4.3.2.5 Berücksichtigung der Risikomanagementkosten im Projektlebenszyklus 58
- 4.4 Methoden in der Risikomanagementphase Risiken priorisieren 61
  - 4.4.1 Grafische Darstellung der Priorisierung mit Risikoportfolio und Equi-Risk-Contour-Methode 61
  - 4.4.2 Selektive Auslese der Risiken bei der Filtering-Methode 63
  - 4.4.3 Priorisierung der Risken durch den paarweisen Vergleich bei der Komparative Risikorangfolge 64
  - 4.4.4 Berücksichtigung der Einflussnahmen bei der Wirkungsanalyse 65
- 4.5 Methoden der Risikomanagementphase Maßnahmen planen 66
  - 4.5.1 Strukturierung der Maßnahmen nach Risikostrategien 67
  - 4.5.2 Ishikawa–Diagramm zur ursachenbezogenen Ableitung von Maßnahmen 69
  - 4.5.3 Entscheidungsbaum-Verfahren zur Maßnahmenplanung bei Entscheidungsalternativen 70
  - 4.5.4 Wissensbasiertes Risikomanagement zur Nutzung gewonnener Erfahrungen 72
  - 4.5.5 Optimierung der Maßnahmen durch Integration in die Projektplanung 74
- 4.6 Erforderliche Elemente in der Risikomanagementphase Maßnahmen managen 79
  - 4.6.1 Risikostrategien ausführen und überwachen 80
  - 4.6.2 Behandlung der schwachen Signale 82
  - 4.6.3 Einfluss des Partnermanagements bei der Durchführung von Maßnahmen 82
  - 4.6.4 Die Methode der Fortschrittswertermittlung zur Evaluierung des Projekterfolges 84
- 4.7 Vorgehen in der Risikomanagementphase Überwachung und Risikobericht 85

4.7.1 Projektinterne Überwachung der Risikolage anhand der Chancen/-Risikobetrachtung und der kontinuierlichen Risikoverfolgung 86

4.7.2 Projektübergreifende Überwachung der Risikolage anhand einer Risikokennzahl 88

4.7.3 Risikobericht zur Dokumentation der Risikolage in standardisierter Berichtsform 92

5 Analyse am Markt vorhandener Risikomanagementwerkzeuge 95

5.1 Analyse der auf Projektplanungswerkzeugen aufbauenden Lösungen Risk+ und @Risk 95

5.2 Analyse eigenständiger Risikomanagementwerkzeuge 97

5.2.1 Analyse des Risikomanagementwerkzeugs RiskTrak 97

5.2.2 Analyse des Risikomanagementwerkzeugs R2C 99

6 Entwurf des Risikomanagementwerkzeugs RiskGuide 103

6.1 Grundlegende Strukturmodellierung des Werkzeugs RiskGuide 104

6.1.1 Klassendiagramme zur Darstellung der statischen Struktur 104

6.1.2 Pakete zur Strukturierung der Klassen 107

6.1.3 Objektdiagramm zur Modellierung der Instanzen 108

6.2 Modellierung der dynamischen Struktur des Werkzeugs RiskGuide 110

6.2.1 Anwendungsfalldiagramm zur Visualisierung des Kontextes 110

6.2.2 Interaktionsdiagramme zur Modellierung der dynamischen Aspekte 112

6.2.3 Aktivitätsdiagramme zur Darstellung des Kontrollflusses zwischen Aktivitäten 114

6.2.4 Zustandsdiagramme zur Darstellung des Kontrollflusses zwischen Zuständen 116

6.3 Modellierung der Architektur des Werkzeugs RiskGuide 118

6.3.1 Komponentendiagramm zur Visualisierung der physischen Aspekte 118

6.3.2 Einsatzdiagramm zur Modellierung der statischen Einsatzsicht 120

7 Einsatz des Werkzeugs RiskGuide und Evaluierung des Verfahrens 123

7.1 Einstieg in das Werkzeug RiskGuide 123

7.2 Führung durch den Risikomanagementprozess im Werkzeug RiskGuide 125

7.2.1 Ziele und Chancen im Werkzeug RiskGuide hinterlegen 125

Inhaltsverzeichnis XIII

    7.2.2 Identifizierte Risiken im Werkzeug RiskGuide hinterlegen 127
    7.2.3 Quantifizierung der Risiken im Werkzeug RiskGuide hinterlegen und Risikolage darstellen 128
    7.2.4 Priorisierung der Risiken im Werkzeug RiskGuide hintelgenerfassen 131
    7.2.5 Planung der Maßnahmen im Werkzeug RiskGuide hinterlegen..... 132
  7.3 Grundlage zu einem wissensbasierten Risikomanagement in RiskGuide 133
  7.4 Evaluierung des Verfahrens anhand eines internationalen SAP®-Projektes 136

8 Zusammenfassung und Ausblick 139

Literaturverzeichnis 141

Anhang: 147

  Anhang A: Fragebogen zum Thema Risikomanagement in DV-Projekten 147
  Anhang B: UML Notation nach [OMG03] 153
    B1 Strukturelemente 153
    B2 Verhaltensweisen 153
    B3 Beziehungen 154

Abkürzungsverzeichnis

ABAP	Advanced Business Application Programming
ACWP	Actual Costs of Work Performed
Aufl.	Auflage
ASAP	AcceleratedSAP
BCWS	Budgeted Costs of Work Scheduled
BCWP	Budgeted Costs of Work Performed
bzw.	beziehungsweise
CPI	Cost Performance Index
CV	Cost Variance
Diss.	Dissertation
DV	Datenverarbeitung
DSAG	Deutsche SAP Anwender Gruppe
ERP	Enterprise Ressource Planning
EAC	Estimate at Completion
ETC	Estimate to Completion
FG	Fertigstellungsgrad
FW	Fertigstellungswert
Hrsg.	Herausgeber
HTML	Hypertext Markup Language
ICM	Internet Communication Manager
IEEE	Institute of Electrical and Electronics Engineers
i.d.R.	in der Regel
IT	Informationstechnologie
KonTraG	Gesetz zur Kontrolle und Transparenz im Unternehmensbereich
NASA	National Aeronautics and Space Administration
Nr.	Nummer
OMG	Object Management Group
PEA	Probabilistic-Event-Analyse
PERT	Program Evaluation and Review Technique
PLM	Project Lifecycle Management
PMBOK	Project Management Body of Knowledge
PMI	Project Management Institute
PS	Project System
PSP	Projektstrukturplanelement
S.	Seite
SAP	Systeme Anwendungen Produkte
SV	Schedule Variance
TCO	Total Cost of Ownership
u.a.	und andere
UML	Unified Modeling Language

Eingetragene Warenzeichen

- Australien Standard® is a registered trade mark.
- Microsoft® ist eine eingetragene Marke der Microsoft Corporation.
- ORACLE® ist eine eingetragene Marke der ORACLE Corporation.
- JAVA® ist eine eingetragene Marke der Sun Microsystems, Inc.
- SAP, R/3, SAP Business Workflow, ABAP, SAP Archivel Link, SAP EarlyWatch, BAPI, SAPPHIRE und mySAP.com sind Marken oder eingetragene Marken der SAP AG in Deutschland und vielen anderen Ländern weltweit. Alle anderen Produkte sind Marken oder eingetragene Marken der jeweiligen Firmen.

Abbildungsverzeichnis

Bild 1	Darstellung des Uncertainty Spectrum in Bezug auf die Risikodefinition nach [Wide92]	6
Bild 2	Regelkreis zur Überarbeitung des Projektplanes im Rahmen der Projektsteuerung nach [SAP98]	13
Bild 3	Ergebnis der Kundenumfrage hinsichtlich der Art der durchgeführten SAP®-Projekte	22
Bild 4	Ergebnis der Kundenumfrage hinsichtlich der Größe der durchgeführten SAP®-Projekte	22
Bild 5	Ergebnis der Kundenumfrage hinsichtlich der Preisvereinbarungen der durchgeführten SAP®-Projekte	23
Bild 6	Ergebnis der Kundenumfrage hinsichtlich der Bereiche der durchgeführten SAP®-Projekte	23
Bild 7	Ergebnis der Kundenumfrage hinsichtlich der erwarteten Unterstützung zum Thema Risikomanagement	24
Bild 8	Ergebnis der Kundenumfrage hinsichtlich der Rolle des Risikomanagers	25
Bild 9	Ergebnis der Kundenumfrage hinsichtlich der Reihenfolge der Projektziele	26
Bild 10	Ergebnis der Kundenumfrage hinsichtlich Projektsteuerung	27
Bild 11	Ergebnis der Kundenumfrage hinsichtlich der Art der Rücklagenbildung für Risiko	28
Bild 12	Ergebnis der Kundenumfrage hinsichtlich der Festlegung von Abbruchkriterien	28
Bild 13	Ergebnis der Kundenumfrage hinsichtlich der Überschreitung, bei der ein Projekt nicht mehr erfolgreich ist	29
Bild 14	Ergebnis der Kundenumfrage hinsichtlich der Frage, ob ein nicht erfolgreiches Projekt abgebrochen werden sollte	30
Bild 15	Ergebnis der Kundenumfrage hinsichtlich der Kategorien zur Risikostrukturierung	30
Bild 16	Ergebnis der Kundenumfrage hinsichtlich der Risikobewertung im zeitlichen Verlauf	31
Bild 17	Ergebnis der Kundenumfrage hinsichtlich der Projektplanungstechniken	32
Bild 18	Ergebnis der Kundenumfrage hinsichtlich der durchschnittlich ermittelten Anzahl der möglichen Maßnahmen pro Risiko	33
Bild 19	Ergebnis der Kundenumfrage, zu wie viel Prozent die Risiken der einzelnen Risikoklassen übertragen werden können	33

Bild 20	Phasen des Risikomanagementprozesses in Projekten zur Implementierung integrierter betrieblicher Standardsoftware	35
Bild 21	Darstellung der zeitlichen Komponenten in Projekten anhand eines Beispiels	51
Bild 22	Histogramm für Simulationsläufe der Monte-Carlo-Simulation	54
Bild 23	Darstellung der Beta-Verteilung eines Vorgangs bei PERT	56
Bild 24	Darstellung der Normalverteilung des Projektes bei PERT	57
Bild 25	Reduzierung der Total Cost of Ownership im Rahmen des Projektlebenszyklus nach [SAP02c]	59
Bild 26	Risikomanagement als Teil der Plankosten des Projektlebenszyklus	60
Bild 27	Risikoportfolio zur Visualisierung der Risikobewertung nach [SAP03]	62
Bild 28	Risikofilter zur Priorisierung von Risiken	64
Bild 29	Priorisierung der Risiken durch wechselseitigen Vergleich mit der CCR-Methode	65
Bild 30	Berücksichtigung der Gegenseitigen Abhängigkeiten der Risiken im Wirkungsnetz nach [Schn97]	65
Bild 31	Risikostrategien zur Planung von Maßnahmen	67
Bild 32	Ishikawa-Diagramm mit Risikoklassen als Hauptursachengruppen	70
Bild 33	Entscheidungsbaumverfahren – Beispiel nach [ESII02]	71
Bild 34	Optimierung der Kosten für geplante Maßnahmen durch Integration in die Projektplanung	79
Bild 35	Überblick über die Steuerung der Risikostrategien nach [ESII02]	81
Bild 36	Risk Management Road Map zur Darstellung des Einflusses des Partnermanagements bei der Durchführung von Maßnahmen nach [Will+99]	83
Bild 37	Vergleich der Projektkosten in Verbindung mit der tatsächlich erbrachten Leistung bei der Fortschrittswertermittlung nach [SAP02d]	84
Bild 38	Kennzahlen der Fortschrittswertermittlung nach [SAP02d]	85
Bild 39	Darstellung der Risikolage mit der Chancen/-Risikobetrachtung in der Angebotsphase des Projektes	86
Bild 40	Risikoportfolio mit Visualisierung der zeitlichen Entwicklung eines Risikos	87
Bild 41	Risikoüberwachung eines Projektes im zeitlichen Verlauf	87
Bild 42	Darstellung der Anzahl der Risiken pro Risikoklasse in den Projektphasen des Vorgehensmodells	88
Bild 43	Darstellung der Anzahl der Risiken pro Risikozone in den Projektphasen des Vorgehensmodells	88

Abbildungsverzeichnis

Bild 44	Darstellung des Risikowertes pro Risikoklasse im Verlauf des Softwareprojektes	91
Bild 45	Darstellung der Risikokennzahl im Verlauf der Projektphasen des Vorgehensmodells	92
Bild 46	Darstellung der Risk Analysis im Risikomanagementwerkzeug Risk+	96
Bild 47	Darstellung der Berichterstattung im Risikomanagementwerkzeug @Risk	97
Bild 48	Darstellung des Risk Editor im Risikomanagementwerkzeug RiskTrak	98
Bild 49	Darstellung des Risk Mitigation Editor im Risikomanagementwerkzeugs RiskTrak	99
Bild 50	Klassendiagramm zur Darstellung des funktionalen Aufbaus des Werkzeugs RiskGuide	106
Bild 51	Klassendiagramm zur Darstellung der Screens des Werkzeugs RiskGuide	107
Bild 52	Pakete zur Strukturierung der Klassen des Werkzeugs RiskGuide	108
Bild 53	Objektdiagramm der Pakete Projektplanung und Risikomanagementprozess	109
Bild 54	Anwendungsfalldiagramm in Bezug auf die Projektrollen im Werkzeug RiskGuide	111
Bild 55	Anwendungsfalldiagramm im Bezug auf Neuanlage und Änderung im Werkzeug RiskGuide	112
Bild 56	Sequenzdiagramm zur Führung durch den Risikomanagementprozess im Werkzeug RiskGuide	113
Bild 57	Kollaborationsdiagramm zur Führung durch den Risikomanagementprozess im Werkzeug RiskGuide	114
Bild 58	Aktivitätsdiagramm zur Darstellung des Kontrollflusses des Risikomanagementprozesses im Werkzeug RiskGuide	116
Bild 59	Zustandsdiagramm der Klasse Risiko des Werkzeugs RiskGuide	117
Bild 60	Zustandsdiagramm in Bezug auf den Risikomanagementprozess des Werkzeugs RiskGuide	118
Bild 61	Komponentendiagramm des Werkzeugs RiskGuide	119
Bild 62	Einsatzdiagramm des Werkzeugs RiskGuide	121
Bild 63	Darstellung des Screens Start (start.htm) im Werkzeug RiskGuide	124
Bild 64	Darstellung des Screens Kopfdaten (header.htm) im Werkzeug RiskGuide	125
Bild 65	Darstellung des Screens Ziele & Chancen (goal.htm) im Werkzeug RiskGuide	126
Bild 66	Darstellung des Screens Risiken (risks.htm) im Werkzeug RiskGuide	128

Bild 67	Darstellung des Screens Bewertung (evaluation.htm) im Werkzeug RiskGuide	129
Bild 68	Darstellung des Screens Überwachung (monotoring.htm) im Werkzeug RiskGuide	130
Bild 69	Werkzeugbezogene Darstellung der Kosten des Projektlebenszyklus	131
Bild 70	Darstellung des Screens Priorisierung (priorities.htm) im Werkzeug RiskGuide	132
Bild 71	Darstellung des Screens Maßnahmen (measures.htm) im Werkzeug RiskGuide	133
Bild 72	Darstellung der Projektselektion im Werkzeug RiskGuide	134
Bild 73	Darstellung der ausgewählte Projekte im Werkzeug RiskGuide	135
Bild 74	Darstellung der Risikoübersicht zu einem Projekt im Werkzeug RiskGuide	135

Tabellenverzeichnis

Tabelle 1	Erläuterung der Begriffe im Uncertainty Spectrum nach [Wide92]	6
Tabelle 2	Übersicht der Phasen des Risikomanagementprozesses in der Literatur	8
Tabelle 3	Risikoklassen in der Literatur im Vergleich	47
Tabelle 4	Qualifizierung der Eintrittswahrscheinlichkeit von Risiken nach [SAP02b]	50
Tabelle 5	Qualifizierung der Schadenshöhe von Risiken nach [SAP02b]	50
Tabelle 6	Übersicht über die Qualifizierung der Dauer zur Bewertung der Risikolage	52
Tabelle 7	Ermittlung des Risikozeitwerts anhand eines Beispiels	52
Tabelle 8	Durchzuführende Aktionen in Abhängigkeit der Risikozonen nach [SAP02a]	62
Tabelle 9	Denkfehler in komplexen Entscheidungssituationen nach [GoPr87]	66
Tabelle 10	Unterklassen der Risikoklassen für ein wissensbasiertes Risikomanagement	74
Tabelle 11	P-Matrix – Eintrittswahrscheinlichkeit in Bezug auf Ursache-PSP-Elemente	76
Tabelle 12	I-Matrix - Schadenshöhe in Bezug auf betroffene PSP-Elemente	76
Tabelle 13	E-Matrix – Ergebnismatrix als Produkt von P-Matrix und I-Matrix	77
Tabelle 14	Maßnahmen zur Risikoreduzierung und ihre erwarteten Kosten	77
Tabelle 15	Effekte der Maßnahmen in Bezug auf Risikoereignisse	78
Tabelle 16	Risikokennzahl in Bezug zur Risikozone	91
Tabelle 17	Vergleichende Übersicht am Markt vorhandener Risikomanagementwerk-zeuge	101

1 Einleitung

Sowohl in der Wissenschaft als auch in der Wirtschaftspraxis gewinnt das Thema Risikomanagement in Projekten zunehmend an Bedeutung. Das Project Management Institute (PMI) als eine weltweite Organisation zur Förderung von fortschrittlichem Projektmanagement hat so in seinem Handbuch *Project Management Body of Knowledge* (PMBOK) Risikomanagement zu einem der wichtigsten Wissensgebiete bestimmt [PMI00]. Ebenso fordert der Gesetzgeber mit dem Gesetz zur Kontrolle und Transparenz im Unternehmensbereich (KonTraG) dazu auf, wesentliche Unternehmensrisiken systematisch im Rahmen eines Risikofrüherkennungssystems zu erfassen [KonT98].

Durch eine zunehmende Integration und weitgehende Automatisierung von Geschäftsprozessen können Projekte zur Implementierung integrierter betrieblicher Standardsoftware bei einem Scheitern den Fortbestand eines Unternehmens gefährden. Daher ist bei ihnen Risikomanagement erforderlich. In Softwareprojekten ist es allerdings nicht üblich, Risikomanagement durchzuführen. Bis jetzt wird in Unternehmen lediglich die Notwendigkeit hierzu erkannt. Laut Umfrageergebnis wird besonderer Bedarf an Unterstützung in Form von Methode und Tool gesehen [SAP02]. Vor diesem Hintergrund ist die Frage zu klären, wie eine effektive Unterstützung für Risikomanagement in Projekten zur Implementierung integrierter betrieblicher Standardsoftware zu gestalten ist.

In der Literatur werden in den überwiegenden Fällen Engineering-Projekte betrachtet (vgl. z. B. [ChWa97], [Schn97] und [Niwa89]), wobei aktuell auch IT-Projekte zunehmend thematisiert werden (vgl. z.B. [Vers03], [Gaul02] und [Jia+00]). Allerdings liegt bei den IT-Projekten der Schwerpunkt auf der Erstellung von Software; die Implementierung wird dagegen nicht angemessen berücksichtigt. Durchgesetzt hat sich, Risikomanagement als Prozess mit abgeschlossenen Phasen und die Bewertung der Risiken als ein Produkt der Faktoren Eintrittswahrscheinlichkeit und Schadenshöhe zu definieren (vgl. z.B. [ESII02], [IEC01], [PMI00] und [Schn97]).

Die Phasen des Risikomanagementprozesses sind jedoch nicht einheitlich festgelegt. Ebenso fehlt ein einheitliches Vorgehen, das es ermöglicht, die Risikolage in Softwareprojekten übergreifend zu beurteilen und mit Hilfe einer Risikokennzahl zu überwachen. Da Risikomanagement sich auf den gesamten Projektlebenszyklus bezieht, ist eine enge Verknüpfung zum Projektplan erforderlich. Zum einen wird der Risikomanagementprozess jeweils nach den Meilensteinen des Softwareprojektes (Projektvorbereitung, Fachkonzept, Realisierung, Produktionsvorbereitung, Produktivstart und

Support) durchlaufen und zum anderen sind Risiken auf die einzelnen Projektstrukturplanelemente zu beziehen. Die in der vorliegenden Arbeit gebildete Risikokennzahl wird auf die Phasen dieses Vorgehensmodells bezogen. Als Grundlage werden spezifische Risikoklassen für Softwareprojekte festgelegt.

Das Ziel der vorliegenden Arbeit ist die ingenieurmäßige Gestaltung eines Verfahrensablaufs, der die Identifizierung, Analyse und Behandlung von Risiken umfasst. Aufbauend auf dem etablierten Hintergrund von Risikomanagement in Projekten wird eine neue Perspektive speziell auf das Risikomanagement in Projekten zur Implementierung integrierter betrieblicher Standardsoftware aufgezeigt. Es handelt sich hierbei um Projekte, die auch einen gewissen Anteil an Entwicklungsarbeiten umfassen können. Als Erfahrungen liegen SAP®-Projekte aus dem Öffentlichen Bereich und dem High Tech Bereich zugrunde.

Im Kapitel 2 werden zur Schaffung eines einheitlichen Verständnisses die begrifflichen Grundlagen der spezifischen Elemente des Risikomanagements der vorliegenden Arbeit erläutert. Es werden sowohl die Begriffe Risiko und Risikomanagement als auch Projektmanagement in Softwareprojekten analysiert. Zudem wird der Risikomanagementprozess für Projekte zur Implementierung betrieblicher Standardsoftware festgelegt. Als Grundlage für die folgenden Kapitel zeigen die Umfrageergebnisse in Kapitel 3 die Anforderungen an Risikomanagementmethoden in SAP®-Projekten auf. Im Kapitel 4 wird aufbauend auf den theoretischen Grundlagen von Kapitel 2 das methodische Vorgehen innerhalb der festgelegten Phasen des Risikomanagementprozesses beschrieben. Die Methoden der Risikomanagementphasen Ziele und Chancen bestimmen, Risiken identifizieren und klassifizieren, Risiken bewerten und darstellen, Maßnahmen planen und Risiken überwachen, werden dargelegt und anhand der Umfrageergebnisse des Kapitels 3 kritisch gewürdigt.

Im Kapitel 5 wird eine Analyse am Markt vorhandener Risikomanagementwerkzeuge vorgenommen, um ein Werkzeug zu finden, mit dem Risikomanagement in Projekten zur Implementierung integrierter betrieblicher Standardsoftware gesteuert werden kann. Da kein Werkzeug den Anforderungen entspricht, wird auf Grundlage der Erkenntnisse der vorliegenden Kapitel ein Konzept für das Risikomanagementwerkzeug RiskGuide erstellt. Das Konzept zu RiskGuide wird in Kapitel 6 anhand der grafischen, objektorientierten Notation Unified Modeling Language (UML) dargestellt. In Kapitel 7 wird die Umsetzung des Konzeptes vorgestellt und die Tragfähigkeit des Verfahrens anhand eines internationalen SAP®-Projektes evaluiert. Das abschließende Kapitel 8 fasst die Erkenntnisse zusammen und zeigt einen Ausblick auf weitere Themen auf.

2 Analyse der spezifischen Elemente des Risikomanagements in Projekten zur Implementierung integrierter betrieblicher Standardsoftware

Risiko, Risikomanagement und Projektmanagement sind die spezifischen Elemente des Risikomanagements in Projekten zur Implementierung integrierter betrieblicher Standardsoftware. Da hierzu ein uneinheitliches Verständnis existiert, soll in diesem Kapitel eine begriffliche Grundlage geschaffen werden.

Es werden die verschiedenen Sichten des Begriffs Risiko sowie Abgrenzungen und Einflussfaktoren dargelegt. Ebenso werden die Definitionen des Begriffs Risikomanagement und seine Phasenkonzepte in der Literatur analysiert. Zudem wird auf die Bedeutung des Gesetzes zur Kontrolle und Transparenz im Unternehmensbereich eingegangen. In Bezug auf das Projektmanagement in Softwareprojekten werden die kritischen Erfolgsfaktoren, die Projektsteuerung, die Projektorganisation und das Vorgehensmodell dargelegt.

2.1 Bedeutung und Abgrenzung des Begriffs Risiko

In diesem Abschnitt wird die Bedeutung des Begriffs Risiko anhand der verschiedenen Sichten in der Literatur analysiert. Anschließend wird zur Konkretisierung eine Abgrenzung zu anderen Begriffen und eine Beschreibung von Einflussfaktoren vorgenommen.

2.1.1 Sichten des Begriffs Risiko in der Literatur

Risiko wird nach PMBOK [PMI00] als ein in der Zukunft möglicherweise auftretender Vorfall bezeichnet, der positive oder negative Auswirkungen haben kann. Auswirkungen sind *ergebnisorientiert*, wobei positive als Chancen und negative als Gefahren angesehen werden. Risiko wird nicht nur über den Vorfall, der möglicherweise eintritt definiert, sondern auch über die Wahrscheinlichkeit, mit der dieser eintritt und dessen Auswirkungen.

Hier lässt sich auch die Definition von Schnorrenberg [Schn97] integrieren. Schnorrenberg bestimmt Risiko als ein Ereignis, dessen Eintritt und/oder Schadenshöhe nicht genau bekannt ist, für die sich jedoch eine Wahrscheinlichkeit angeben lässt.

Die von Haller [Hall86] beschriebene *zielorientierte* Sicht definiert Risiko als Möglichkeit der Planverfehlung, als Verlustgefahr oder allgemein als mögliche Zielabweichung. Ebenso definiert die internationale Norm für Projektrisikomanagement [IEC01] den Begriff Projektrisiko als Kombination aus der Wahrscheinlichkeit des Eintretens eines bestimmten Ereignisses und den Folgen für die Projektziele.

Der Begriff Risiko impliziert, dass die Folgen ungewiss sind. Ein sicherer Verlust ist kein Risiko. Auch ist Risiko i.d.R. mit einer menschlichen Handlung verbunden, und zwar nicht selten im Sinne eines bewusst eingegangenen Risikos. Dies führt zum *entscheidungsorientierten* Risikobegriff. Je nach Sicherheitsgrad der Information wird zwischen Entscheidungen unter Sicherheit, Risiko oder Unsicherheit unterschieden [Gabl93]. Unsicherheit lässt sich in Unsicherheit 1. Ordnung und Unsicherheit 2. Ordnung unterteilen. Bei Unsicherheit 1. Ordnung sind keine Wahrscheinlichkeiten für den Eintritt zukünftiger Ereignisse bekannt, sondern nur, dass bestimmte Ereignisse eintreten können. Bei Unsicherheit 2. Ordnung ist zudem unbekannt, welche Ereignisse in Zukunft auftreten können.

Der in der aktuellen Literatur anzutreffende Begriff Risiko ist entscheidungsorientiert als Ungewissheit zu verstehen. Denn Risiko bezeichnet den Grad der Unkenntnis, bei dem für das Eintreten zukünftiger Ereignisse objektive Wahrscheinlichkeiten vorliegen. Bei Risiko liegen jedoch subjektive Wahrscheinlichkeiten vor. In diesem Sinne Schlagen Chapman und Ward [ChWa03] sogar vor, *Risk Management* in *Uncertainty Management* umzubenennen. Sie definieren Projektrisiken als "the implications of the existence of significant uncertainty about the level of project performance achievable" [ChWa97]. Conrow und Shishido [CoSh97] beziehen sich dagegen bei der Risikodefinition mit dem Begriff Ungewissheit nicht auf das Risiko als solches, sondern auf die Wahrscheinlichkeit des Risikoeintritts.

2.1.2 Abgrenzungen und Einflussfaktoren des Begriffs Risiko

Risiko ist im Unterschied zur *Gefahr* als Möglichkeit zu sehen, dass eine Handlung oder Aktivität einen Schaden oder Verlust zur Folge hat. Gefahr stellt dagegen eher eine unmittelbare Bedrohung dar [Broc92].

Eine weitere Abgrenzung ist nach PMBOK [PMI00] gegenüber dem Begriff *Problem* vorzunehmen. Ein Problem ist vorhanden und es besteht akuter Handlungsbedarf. Ein Risiko ist dagegen zukunftsorientiert und das Eintreffen des Risikos ist nicht sicher, sondern mit einer Wahrscheinlichkeit belegt.

Bei einer Risikobetrachtung ist zu beachten, dass der Faktor Zeit die Risikowahrnehmung beeinflusst. Je weiter ein Risiko in der Zukunft liegt, umso größer ist der Grad der Unsicherheit (vgl. Abschnitt 3.2). Neben der Zeit ist die Größe des Projektes ein entscheidender Faktor [ESII02]. Je größer ein Projekt ist und, damit verbunden, je größer die möglichen Auswirkungen im Schadensfall sind, umso bedeutender ist das Risiko. Eichhorn [Eich96] geht in diesem Zusammenhang besonders auf die Chancen ein. So wird i.d.R. mit steigender Gewinnaussicht das eingegangene Risiko akzeptabler. Aus diesem Grund betont er, dass in einem Projekt nicht nur Änderungen bei den Risiken, sondern auch bei den Gewinnaussichten zu beachten sind (vgl. Abschnitt 4.1.2).

Die Bewertung von Risiken ist sowohl von individuellen Werten als auch von der Kultur, bzw. der Unternehmenskultur abhängig. Dies trifft insbesondere auf die Wahrscheinlichkeit von Risiken zu. Zudem ist gerade in neuen Bereichen zu beachten, dass der Grad der Information die Risikowahrnehmung beeinflusst.

2.2 Analyse des Begriffs Risikomanagement

In diesem Abschnitt werden die Definitionen des Begriffs Risikomanagement in der Literatur analysiert. Auf das Gesetz zur Kontrolle und Transparenz im Unternehmensbereich wird gesondert eingegangen, da es eine entscheidende Rolle hinsichtlich der Bedeutung spielt, die Risikomanagement heute hat [Ver03]. Im abschließenden Abschnitt wird aufbauend auf der Analyse der verschiedenen Phasenkonzepte zum Risikomanagement in der Literatur ein spezifisches Phasenkonzept für Softwareprojekte festgelegt.

2.2.1 Definitionen des Begriffs Risikomanagement in der Literatur

Für PMBOK [PMI00] ist Risikomanagement ein Teil des Managementprozesses, in dem die erforderlichen Verfahren zur Identifizierung, Quantifizierung, Handhabung und Kontrolle der Risiken eines Projektes zusammengefasst sind.

Die internationale Norm *DIN IEC 62198 Project Risk Management* [IEC01] beschreibt Risikomanagement in ähnlicher Weise, geht jedoch differenzierter auf die einzelnen Phasen ein. Sie definiert den Begriff Risikomanagement als systematische Anwendung von Managementgrundsätzen, -verfahren und –praktiken, deren Zweck die Festlegung des Kontextes sowie die Identifizierung, Analyse, Bewertung, Steuerung/Bewältigung, Überwachung und Mitteilung von Risiken ist.

Widemann [Wide92] geht bei der Definition des Begriffs Risikomanagement besonders auf den Faktor Unsicherheit ein (Bild 1). Der Umfang von Risikomanagement in Projekten liegt bei ihm an einem Punkt zwischen den Extremen der vollkommenen Sicherheit (Knowns) und der vollkommenen Unsicherheit (Unknown-unknowns) (Tabelle 1).

Analyse der spezifischen Elemente des Risikomanagements

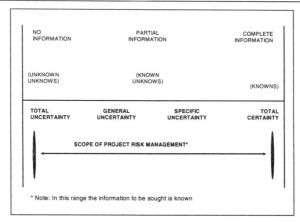

Bild 1 Darstellung des Uncertainty Spectrum in Bezug auf die Risikodefinition nach [Wide92]

Begriff	Erklärung
Knowns	Punkt oder Situation, die keine Unsicherheit enthält, wird eintreten.
Unknowns	Wir wissen, dass es existiert, aber nicht, wie und ob es uns treffen wird.
Known-unknowns	Hier handelt es sich um eine identifizierte Unsicherheit.
Unknown-unknowns	Die Existenz dieses Risikos kann man sich nicht vorstellen.

Tabelle 1 Erläuterung der Begriffe im Uncertainty Spectrum nach [Wide92]

2.2.2 Bedeutung des Gesetzes zur Kontrolle und Transparenz im Unternehmensbereich

Nach dem Gesetz zur Kontrolle und Transparenz im Unternehmensbereich (KonTraG) ist Risikomanagement seit Mai 1998 verpflichtend für Aktiengesellschaften. Laut §91 Abs. 2 AktG [KonT98] hat der Vorstand „... geeignete Maßnahmen zu treffen, insbesondere ein Überwachungssystem einzurichten, damit den Fortbestand der Gesellschaft gefährdende Entwicklungen früh erkannt werden." Die Basis von KonTraG ist eine Erweiterung des Aktiengesetzes und des Handelsgesetzbuches.

Vor diesem Hintergrund stellt Kreitsch [Keit00] heraus, dass KonTraG im engeren Sinne nicht als eigenständiges Gesetz zu sehen ist.

Die Einhaltung des Gesetzes KonTraG in Bezug auf die Implementierung eines Risikomanagementsystems wird im Rahmen der Abschlussprüfung kontrolliert und beurteilt. Der Gesetzgeber fordert so alle Unternehmen explizit auf, wesentliche Unternehmensrisiken systematisch im Rahmen eines Risikofrüherkennungssystems zu erfassen [Gaul02]. Das externe Rechnungswesen ist hierzu weniger geeignet, da es durch seine Art der Unternehmensbetrachtung Risiken erst nachträglich aufzeigt. Besser ist ein Risikocontrolling geeignet, da es als führungsunterstützende Instanz die Informationsbasis für die Steuerung von Risiken liefern kann [Hols98]. In diesem Zusammenhang ist das Risikocontrolling als unterstützender Bestandteil des Risikomanagements zu sehen [Lück98]. Die Intention des KonTraG ist, in Hinsicht eines Risikocontrollings sowohl eine Übersicht über die vorhandenen Risiken als auch eine Transparenz der Risikobewertung durch einen Vergleich der Risiken zu liefern. Vergleichsmöglichkeiten sind durch standardisierte Strukturen und Prozesse sowie Bildung von Risikokennzahlen zu erreichen.

Risikomanagement hat in Deutschland in alle Bereiche komplexer Unternehmen Eingang gefunden. Es gehört zu den akzeptierten Aufgaben einer Unternehmensführung und zum anerkannten Katalog der Managementaufgaben [Ortn02]. Im angelsächsischen Raum gehört es bereits seit einigen Jahren zu den Teilaspekten des qualitativen Controllings. Für die Unternehmen besteht allerdings ein großer Spielraum bei der Gestaltung eines Risikomanagementsystems, da Inhalt und Ausgestaltung des Risikomanagementsystems im KonTraG weitgehend unbestimmt bleiben [BuBu02].

Risikomanagement kann zu einem Hilfsinstrument der kontinuierlichen Geschäftsprozessverbesserung werden. Wobei Geschäftsprozesse die Aktivitäten umfassen, welche eine Leistung oder ein Ergebnis erwirken und damit einen Mehrwert für das Unternehmen darstellen [Fedt00]. Risikomanagement bezeichnet Ortner [Ortn02] hierbei als ein geeignetes Kommunikationsinstrument zwischen der strategischen und der operativen Ebene der Prozessinnovation. Prozessverbesserungen sollten wiederum durch ein Controlling begleitet werden, um diese in Hinblick auf ihre Wirksamkeit zu beurteilen.

2.2.3 Analyse der Phasenkonzepte in der Literatur und Festlegung der Risikomanagementphasen für Softwareprojekte

Durchgängig wird in der Literatur die Unterteilung des Risikomanagements in Phasen vorgenommen (Tabelle 2). Auch wenn die einzelnen Phasen teilweise unterschiedlich sind, ist ein gemeinsamer Kern vorhanden. So ist die Identifizierung, die Bewertung und die Behandlung von Risiken in jedem Phasenmodell gegeben.

Associati on for PM	ESI International	IEC 62198: 2001	PMBOK	Widmann	Schnorrenberg	Software Engineering Institute
[APM97]	[ESII02]	[IEC01]	[PMI00]	[Wide92]	[Schn97]	[SEI96]
Define		Kontextfestlegung		Problem Structuring		
Focus						
Identify	Identifizierung	Feststellung	Identification	Identification	Identifizierung	Identification
Structure		Analyse				
Ownership						
Estimate	Analysieren		Bewertung	Quantification	Quantification	Bewertung	Analysis
Evaluate	Prioritäten setzen				Klassifizierung	
Plan	Risikostrategien entwickeln					Plan
Manage	Risikostrategien ausführen	Steuerung/ Bewältigung	Response development	Modeling	Behandlung	Track
	Ergebnisse evaluieren			Overall Economic Modeling		Control
	Ergebnisse dokumentieren	Überwachung, Mitteilung	Response control	Risk Report		Communicate

Tabelle 2 Übersicht der Phasen des Risikomanagementprozesses in der Literatur

Für Schnorrenberg [Sch97] gehören zur Analysephase sowohl die Risikobewertung als auch die Klassifizierung, wogegen die internationale Norm für Risikomanagement in Projekten [IEC01] Analyse und Bewertung als getrennte aufeinander folgende Phasen definiert. Eine Klassifizierung der Risiken erfolgt i.d.R. bereits in der ersten

Phase, die mit *Identifizierung* oder *Feststellung potenzieller Risiken* bezeichnet wird. Die Festlegung der Priorität der Risiken findet in der Phase statt, die mit *Klassifizierung, Prioritätensetzen* oder *Evaluate* bezeichnet wird.

Weder ESI International [ESII02], PMBOK [PMI00], Schnorrenberg [Schn97] noch das Software Engineering Institute [SEI96] gehen auf eine Phase vor der Identifizierung von Risken ein, die mit *Festlegung des Kontextes* oder *Define* betitelt wird. Dagegen ist für die internationale Norm zum Projektmanagement [IEC01] entscheidend, die Ziele des Projektes zuvor festzulegen. Dies ermöglicht, Risikomanagement in Hinblick auf eine mögliche Zielverfehlung zu betrachten. Diese Phase gehört zum Risikomanagementprozess und sollte nicht übersprungen werden.

Die U.K. Association for Project Management [APM97] sowie Schnorrenberg [Schn97] nennen nicht explizit die Phase *Risk Report*. Der Risk Report jedoch ist entscheidend, um die gewonnenen Erkenntnisse aufzubereiten und zu berichten. Diese Phase ist genauso wenig zu vernachlässigen wie die Phase *Feststellung des Kontextes*. Beide Phasen zusammen bilden den Rahmen des Risikomanagementprozesses.

Da die Risikomanagementphasen in der Literatur nicht einheitlich bestimmt sind, werden in der vorliegenden Arbeit, aufbauend auf der vorherigen Analyse, folgende Phasen für das Risikomanagement in Projekten zur Implementierung integrierter betrieblicher Standardsoftware festgelegt:

- Chancen und Ziele bestimmen (risk planning),
- Risiken identifizieren und klassifizieren (risk identification),
- Risiken quantifizieren (risk quantification),
- Risiken priorisieren (risk quantification),
- Maßnahmen planen (risk mitigation),
- Maßnahmen managen (risk mitigation) sowie
- Überwachung und Risikobericht (risk monitoring).

2.3 Grundlegende Elemente des Projektmanagements am Beispiel von SAP®-Projekten

Der im vorherigen Abschnitt festgelegte Risikomanagementprozess ist in Bezug zum gesamten Projektlebenszyklus zu sehen und so nach jedem Meilenstein des Projektes sowie bei Zieländerungen zu durchlaufen [Bart00]. Aufgrund dieses engen Bezugs von Risikomanagement und Projektmanagement werden in diesem Abschnitt die grundlegenden Elemente des Projektmanagements beschrieben. Da SAP® im ERP-Bereich Marktführer ist, handelt es sich bei dem überwiegenden Anteil der Projekte zur Einführung integrierter betrieblicher Standardsoftware auch um SAP®-Projekte. Vor diesem Hintergrund werden in der vorliegenden Arbeit grundlegende Elemente des Projektmanagements am Beispiel von SAP®-Projekten verdeutlicht. Eine Übertragung auf andere Softwareprojekte ist möglich.

Der erste Abschnitt befasst sich mit der Definition des Begriffs Projektmanagement und den kritischen Erfolgsfaktoren in SAP®-Projekten. Anschließend werden die grundlegenden Elemente des Projektmanagements, wie der Aufbau der Organisation, Projektsteuerung und Projektkontrolle dargelegt. Das Phasenkonzept des Vorgehensmodells für die Einführung von SAP®-Projekten mit den Phasen Projektvorbereitung, Fachkonzept, Realisierung, Produktivvorbereitung sowie Produktivstart und Support bilden den Abschluss des Kapitels.

2.3.1 Bedeutung des Projektmanagements in SAP®-Projekten

Die DIN-Norm für Projektmanagement [DIN90] definiert ein Projekt als Vorhaben, das „im wesentlichen durch die Einmaligkeit der Bedingungen in ihrer Gesamtheit gekennzeichnet ist", wie z. B.:

- Zielvorgabe,
- zeitliche, finanzielle, personelle und andere Begrenzungen,
- Abgrenzung gegenüber anderen Vorhaben und
- projektspezifische Organisation.

Dies bedeutet u.a., dass Projekte durch eine eigene für die Projektdauer befristete Organisationsform gekennzeichnet sind [Stei98]. Die Mitarbeiter der einzelnen Abteilungen kommen für die Zeit der Projektarbeit i.d.R. auch physisch in eigens für das Projekt bereitgestellten Räumen zusammen. Dies hat große Synergieeffekte, da fern von der Abteilung die Möglichkeit besteht, Zusammenhänge in der Arbeit mit anderen Abteilungen zu verstehen und neue Lösungswege in der Interaktion zu finden [LiKu02].

Projekte sind Aufgaben, die mit einem hohen Risiko behaftet sind. Sie sollten einen klar umrissenen Rahmen mit einem definierten Start in Form eines Kick-Off-Meetings und einem definierten Ende in Form eines Abschlussberichts haben. Der finanzielle Rahmen mit dem Budget ist ebenso im Detail zu planen wie die benötigten Ressourcen. Im Sinne des Risikomanagements sind zudem eine Meilensteinanalyse sowie die adäquate Überwachung der kritischen Aktivitäten erforderlich. Vor allem ist ein realistisches und ehrliches Reporting des Projektfortschritts für ein erfolgreiches Projektmanagement notwendig.

Die Firma SAP® [SAP02a] hat in diesem Zusammenhang folgende kritische Erfolgsfaktoren für Softwareprojekte definiert:

- Festlegung klarer, messbarer Ziele,
- Entwicklung einer Strategie,
- Process Check, Management Support,
- effektives Controlling,
- Minimierung der kundenspezifischen Anpassungen,
- qualifiziertes Team, Berater und Projektleiter,
- Einbeziehung des Kunden in das Lösungsdesign,
- qualifiziertes Training und Change Management sowie
- Phasenkonzept zur Realisierung.

Gerade auf den Punkt Management Support gehen viele Autoren explizit ein. So definiert Kargl [Karg01] die sichtbare Unterstützung durch die Geschäftsführung als kritischen Erfolgsfaktor für den Erfolg von IT-Projekten und Jiang u.a. [Jia+00] betonen, dass die Unterstützung durch das Top-Management einer der Hauptgründe für das Gelingen oder Scheitern von IT-Projekten ist. Lechler [Lech97] stellt in seiner Studie zudem die Effizienz der Kommunikation, aber auch die Entscheidungsbefugnisse des Projektleiters und die Integration des Teams in Entscheidungsprozesse als kritische Erfolgsfaktoren heraus.

2.3.2 Aufbau der Projektorganisation in SAP®-Projekten

Projekte haben neben der Organisation im Unternehmen ihre eigene Organisation. Die Projektorganisation strukturiert das Projekt und die verantwortlichen Personen erhalten für die Laufzeit des Projektes Rollen. In SAP®-Projekten können diese Rollen Sponsor, Lenkungsausschuss, Projektmanager, Risikomanager, Teilprojektleiter, Teammitglied und Fachkreismitglied umfassen.

Die Sponsoren haben die Aufgabe, die Projektleitung zu unterstützen. Sie sichern die Akzeptanz der Projektleitung in Richtung Organisation und Lenkungsausschuss. Der Lenkungsausschuss ist die Kontrollinstanz, das das Projekt überwacht und Ergebnisse einfordert. Auf der anderen Seite entlastet der Lenkungsausschuss die Projektleitung, da er z.B. Entscheidungen bezüglich des Risikomanagements mit trägt [Li-Ku02].

Die Projektleitung ist persönlich für die Erreichung der Projektziele verantwortlich. Sie plant, koordiniert, steuert und überwacht das Projektteam und die Projektarbeiten in sachlicher, personeller, terminlicher und budgetmäßiger Hinsicht. Sie informiert Sponsoren und Lenkungsausschuss, treibt Entscheidungsfindungen voran und ist zuständig für die Bewältigung von Konfliktsituationen und Krisen. An der Stellung des Projektleiters innerhalb der Unternehmung wird die Priorität, die das Managements dem Projekt zuordnet, sichtbar.

Die Teilprojektleitung hat die fachliche Verantwortung innerhalb der übertragenen Aufgaben. Sie identifiziert die nötigen Ressourcen und legt deren Einsatzplanung fest. Sie berichtet regelmäßig den Status und Fortschritt des Projektes sowie Probleme und Änderungen an die Projektleitung. Eine weitere wichtige Aufgabe der Teilprojektleitung ist die Sicherung der Akzeptanz der Lösung bei den Anwendern.

Die Projektteammitglieder sind für die Durchführung von Detailaufgaben bei der Entwicklung und für die Konfiguration der Geschäftsprozesse im System verantwortlich. Die Teammitglieder bringen ihr Wissen ein und verdeutlichen standort- und funktionsspezifische Anforderungen an Prozesse und Funktionen. Sie übernehmen aktiv die Verantwortung für zugeteilte Arbeitspakete.

Die Fachkreismitglieder unterstützen die Diskussion in fachlichen und methodischen Fragestellungen. Sie prüfen, bewerten und verabschieden das Fachkonzept (vgl. Abschnitt 2.3.4.3) und die Prototypen als wesentliche im Projekt erarbeitete Lösungen. Zudem unterstützen sie die Qualitätssicherung.

Der Risikomanager hat die Aufgaben, den Kontext für den Managementprozess festzulegen, die Risikoanalyse zu steuern sowie Risikomethoden zu beraten und einzuführen [IEC01]. Seine Verantwortung umfasst die angemessene und rechtzeitige Weiterleitung von Informationen zu Risikopunkten im Verlauf des gesamten Projektes. Er beantragt bei widersprüchlichen Risikopunkten eine Managemententscheidung, um Maßnahmen zu starten. Eine ebenso entscheidende Aufgabe des Risikomanagers ist die Aufstellung eines Reportings, um eine Verfolgbarkeit des Risikomanagements zu gewährleisten.

In der Literatur ist die Frage, ob der Projektleiter den Risikomanager stellen sollte oder ein hierfür vorgesehener Risikomanager erforderlich ist, nicht einheitlich beantwortet. Nach der internationalen Norm für Projektmanagement [ICE01] ist der Projektleiter zuständig für die Aufgaben des Risikomanagements, er kann sie allerdings bei entsprechender Projektgröße delegieren und einen Risikomanager benennen. Nach ESI International [ESII02] ist allein der Projektleiter für das Risikomanagement zuständig. Eichhorn [Eich96] setzt sich dagegen strikt für einen unabhängigen Risikomanager ein. Bei seinem Vergleich mit der Konstellation eines Gerichtes sieht er in den meisten Projekten die Rolle des Staatsanwaltes unbesetzt. Der Risikomanager stellt in diesem Sinne den Gegenpol zur Projektleitung dar. Nur mit dem Projektleiter als Befürworter des Projektes und dem Risikomanager als Hinweiser auf mögliche Gefahren erhält der Lenkungsausschuss ein komplettes Bild des Projektes.

2.3.3 Aufgabe der Projektsteuerung und -kontrolle in SAP®-Projekten

Projektsteuerung lässt sich als ein System der Führungsunterstützung für den Projektmanager beschreiben, mit dem Managementprozesse im SAP®-Projekt im Hinblick auf Zielsetzung und Zielerreichung optimiert werden. Projektsteuerungsaufgaben sind als begleitende Funktion vom Start bis zum Abschluss eines Projektes wahrzunehmen.

Aufgabe der Projektsteuerung ist die Unterstützung bei der Festlegung von Erfolgskriterien, die Entwicklung von Kenngrößen und Messsystemen, um Abweichungen zu erkennen, und die Implementierung entsprechender Controllingstandards. Die Verfolgung des Projektfortschritts mit dem Vergleich der Projektpläne hinsichtlich Leistung, Termine, Kosten mit den rückgemeldeten Ergebnissen und die Interpretation der Rückmeldeergebnisse gehören ebenso zur Projektsteuerung. Der Projektplan wird im Rahmen des Regelkreises zur Projektsteuerung laufend überarbeitet (Bild 2).

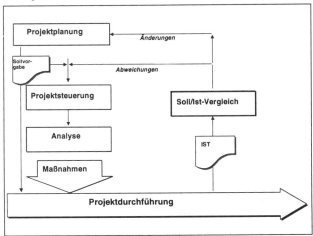

Bild 2 Regelkreis zur Überarbeitung des Projektplanes im Rahmen der Projektsteuerung nach [SAP98]

Ein systematischer Steuerungsprozess ist von wesentlicher Bedeutung, um Unsicherheit im Projekt zu reduzieren. Er gibt nicht nur Hilfestellung, um Diskussionen auf projektbezogene Dinge zu konzentrieren, sondern erleichtert auch die Kommunikation zwischen allen Projektmitgliedern. Trotz aller notwendigen formalen Methodik ist zu beachten, dass die informelle Kommunikation nicht zu ersetzen ist [Kell95].

Das Projektreporting ist für die Projektleitung das Medium zur Steuerung und Kommunikation. Es ist Grundlage zur Aufbereitung vorhandener Informationen. Ein aussagekräftiges Berichtswesen unterstützt die Entscheidungsfindung. Es wird verhindert, dass frühzeitige Warnsignale ignoriert werden.

Sobald sich Termin- oder Kostenüberschreitungen andeuten, ist ein aktives Eingreifen notwendig. Wenn sich negative Auswirkungen auf das Gesamtprojekt ergeben, elementare Interessen verletzt werden oder sich gravierende Qualitätseinbußen abzeichnen, ist es erforderlich, mit geeigneten Maßnahmen gegenzusteuern [Brod94].

2.3.4 Überblick über das Vorgehensmodell in SAP®-Projekten

Für die Einführung integrierter betrieblicher Standardsoftware verwendet die Firma SAP® [SAP99] ein Vorgehensmodell mit folgenden Projektphasen:

- Projektvorbereitung,
- Fachkonzept,
- Realisierung,
- Produktionsvorbereitung sowie
- Produktivstart und Support.

Zu diesen fünf Phasen ist in Hinblick auf das Risikomanagement zusätzlich die Phase bis zum Vertragsabschluss gesondert zu berücksichtigen. Sie kann mit Angebotsphase oder Projektevaluierung bezeichnet werden.

2.3.4.1 Ziel der Phase Projektevaluierung

Ziel der Phase Projektevaluierung ist es, die Kernpunkte des Unternehmens zu verstehen sowie zu analysieren, welche Anforderungen mit der einzuführenden Software abgedeckt werden können und welche offenen Punkte vorhanden sind. Hierzu wird die Strategie des Unternehmens hinsichtlich der Softwareeinführung ebenso geprüft wie die speziellen Lösungen, die vorgeschlagen werden. Als Ergebnis sind der Umfang und die Rahmenbedingungen des Projektes festzulegen. Am Ende dieser Phase ist schließlich die Entscheidung zu treffen, ob das Projekt durchgeführt wird.

Wird das Projekt durchgeführt, so werden im Vertrag die Verantwortlichkeiten festgehalten. Der Vertrag kann preis- oder kostenbasiert sein, abhängig davon, ob ein Dienstleistungsverhältnis oder ein Festpreis vereinbart ist. Kombinationen von beiden Vertragsarten sind jedoch ebenso möglich (vgl. Abschnitt 4.7.2). Die verschiedenen Vertragsarten regeln z.B. in unterschiedlicher Weise, welche Seite die Kosten für Zusatzaufwände oder Änderungen im Projektumfang zu tragen hat.

Es ist wichtig, bereits vor Vertragsunterzeichnung die möglichen Risiken des Projektes auf grober Ebene zu analysieren. Die festgestellten Risiken können dann bereits im Vertrag festgehalten werden. Hierbei ist eindeutig zu regeln, welche Seite die Konsequenzen trägt, falls ein Risiko eintritt, oder wie die Verantwortlichkeiten aufgeteilt werden. Es ist effektiv, nach der Regel zu verfahren, dass die Seite, welche die Quelle eines Risikos ist, auch das Risiko trägt. Wer das Risiko am besten managen kann, wenn das Risiko eingetroffen ist, ist zudem festzuhalten [Prit97].

Ein Projekt zur Implementierung integrierter betrieblicher Standardsoftware sollte nur durchgeführt werden, wenn die möglichen Nutzenpotenziale die Kosten einer Fehlentscheidung decken können (vgl. Abschnitt 4.1.2). Ausnahmen kann es geben, wenn ein Projekt aus strategischen Gründen durchgeführt wird. Es ist hierbei wichtig, im Vorhinein auf Managementebene zu entscheiden, ob ein Projekt als strategisch eingestuft wird. Als Konsequenz ist das Projekt dann mit einem entsprechenden Controlling zu überwachen (vgl. Abschnitt 4.1.3). Ebenso ist bereits in der Angebotsphase festzuhalten, was getan werden sollte, wenn die angestrebten Ziele nicht erreicht werden [ESII02].

2.3.4.2 Ziel der Phase Projektvorbereitung

Diese Phase dient der Planung und der Vorbereitung des SAP®-Projkts. Es werden die Projektorganisation und Standards festgelegt, der Projektauftrag erstellt sowie die erste Projektplanung durchgeführt. Zur Vorbereitung des SAP®-Projektes gehören im Detail [SAP89]:

- Festlegung der Ziele des Projekts,
- Klärung des Projektumfangs,
- Festlegung der Einführungsstrategie,
- Festlegung des generellen Zeitplans für das Projekt und die Reihenfolge der Einführung,
- Einrichtung der Projektstruktur und der Projektausschüsse sowie
- Zuordnung von Personalressourcen.

Die Ergebnisse werden dann im Kick-Off-Meeting vorgestellt. In der Phase Projektvorbereitung wird zudem das Projektteam geschult und mit der neuen Software vertraut gemacht. Ebenso werden die technischen Anforderungen bereits in dieser Phase festgelegt.

Der größte Grad an Unsicherheit über die Zukunft im Laufe eines Projektes ist in der Konzeptphase zu entdecken [Prit97]. Die Richtung, die der Projektsponsor in dieser

Phase vorgibt, hat großen Einfluss auf den Projektumfang, die Qualität sowie die Zeit und die Kosten. Für ein erfolgreiches Projekt ist es wichtig, dass diese Vorgaben möglichst stabil bleiben. Allerdings ist auch zu beachten, dass Änderungen ein nicht zu umgehender Bestandteil von Projekten sind und deshalb die Kalkulation der Kosten zu diesem Zeitpunkt häufig zu niedrig ist [Litk96].

Die Phase Projektvorbereitung sollte mit einer Qualitätsprüfung abschließen [SAP99]. Zweck der Qualitätsprüfung ist es, die Projektplanungen und erarbeiteten Informationen dieser Phase abschließend zu prüfen. Alle offenen Fragen zum Umfang, zur Projektumgebung und zur anfänglichen technischen Einrichtung sind vor Beginn der nächsten Phase zu klären oder als Risiko zu dokumentieren.

2.3.4.3 Ziel der Phase Fachkonzept

Zweck der Phase Fachkonzept ist es, ein Feinkonzept zu erstellen und durch die Fachabteilungen abnehmen zu lassen. Im Fachkonzept werden die Geschäftsprozessanforderungen des Unternehmens dokumentiert. Auf dieser Grundlage soll ein gemeinsames Verständnis dafür erzielt werden, wie das Unternehmen seine betriebswirtschaftlichen Abläufe im System abbilden möchte [SAP99].

Bereits in dieser Phase ist es sinnvoll, die Erstellung eines ersten Prototyps begleitend vorzunehmen. Dies ist hilfreich, um das System kennen zu lernen, Funktionen zu prüfen und so in der Lage zu sein, ein Fachkonzept zu schreiben, das als Grundlage zur Systemeinstellung dient. Spätestens jedoch in der Phase Realisierung werden Prototypen für funktionale Tests und letztendlich auch Integrationstests vorgenommen.

Der Zweck der Qualitätsprüfung in der Phase Fachkonzept ist es, sicherzustellen, dass alle Beteiligten den Detailumfang des Projekts in Bezug auf Geschäftsprozesse, Unternehmensstruktur und Systemumgebung genau verstanden haben [SAP99]. Nicht geklärte Punkte, die Auswirkungen auf das Budget und die Ressourcenplanung haben können, sind hierbei gegebenenfalls als Risiken festzuhalten.

2.3.4.4 Ziel der Phase Realisierung

Zweck der Phase Realisierung ist es, die Geschäfts- und Prozessanforderungen des Fachkonzepts im System umzusetzen. Das Ziel ist die abschließende Einführung in das System, ein übergreifender Test und die Freigabe des Systems für den Produktivbetrieb.

Im Rahmen der Grundkonfiguration wird die Einrichtung der Unternehmensstruktur, der Stammdaten und der operativen Kernprozesse im System vorgenommen. Die endgültige Festlegung des Systems erfolgt dann mit der Detailkonfiguration. Die Detailkonfiguration ist ein iterativer Prozess, der in Zyklen vollzogen wird.

Die Aufgaben der Systemadministration in dieser Phase umfassen die Überwachung der Anforderungen an die Produktivinfrastruktur und die Bestimmung der für die Systemverwaltung erforderlichen Aktivitäten. In der Phase Realisierung werden folgende Programmentwicklungen vorbereitet, durchgeführt und koordiniert [SAP99]:

- Datenübernahmeprogramme,
- Schnittstellenprogramme,
- Systemerweiterungen sowie
- Reports und Formulare.

Der abschließende Integrationstest ist eine Simulation des tatsächlichen Betriebs. Der Test beinhaltet die Überprüfung der Abhängigkeiten der Geschäftsprozesse von der Wertschöpfungskette sowie den Schnittstellen, den Erweiterungen und der Berechtigungsprüfung. Die Abnahme der Geschäftsszenarien nach dem abschließenden Integrationstest ist das Ergebnis der Realisierungsphase.

Die Qualitätsprüfung zum Ende der Realisierungsphase stellt sicher, dass die abschließend zu prüfende Detailkonfiguration des Systems den im Fachkonzept aufgeführten Anforderungen entspricht [SAP99]. Um die technischen Risiken zu minimieren, kann das Safeguarding[1] als Teil eines umfassenden Risikomanagements einsetzt werden. Safeguarding managt phasenübergreifend die technischen Risiken und stellt die technische Stabilität der Lösung sicher [SAP02c].

2.3.4.5 Ziel der Phase Produktionsvorbereitung

Ziel der Phase Produktionsvorbereitung ist es, die endgültige Genehmigung des Lenkungsausschusses für den produktiven Einsatz des Systems zu erhalten. Hierzu ist es erforderlich, das alle technischen, anwendungsbezogenen und organisatorischen Aspekte des Projektes für die aktiven Geschäftsabläufe bereit sind. Zudem ist mit Hilfe eines Konzeptes zur Benutzerschulung sicher zu stellen, dass alle Benutzer vor dem Produktivstart hinreichend geschult werden. Die Benutzerschulungen umfassen i.d.R. eine allgemeine Systemschulung sowie eine geschäftsspezifische Schulung, die auf die Geschäftsprozesse und ihre Änderungen im Unternehmen eingeht.

Die relevanten technischen Aktivitäten zur Vorbereitung des Produktivbetriebs, wie die Überprüfung der Anforderungen des Produktivbetriebs und die Festlegung der erforderlichen Aktivitäten zur Systemadministration, werden im Rahmen des System-

---

[1] Safeguarding ist ein Konzept der Firma SAP®, das verschiedene Instrumente, wie z.B. Feasibility-Check oder Go-Live-Check umfasst.

managements durchgeführt. Die Detailplanung der Datenübernahme wird ebenso in der Phase Produktionsvorbereitung vorgenommen. Gegebenenfalls wird dieser Plan nochmals entsprechend angepasst, bevor die eigentliche Datenübernahme durchgeführt wird.

Zweck der Qualitätsprüfung am Ende dieser Phase ist es, die abschließende Statusüberprüfung aller erarbeiteten Informationen durchzuführen. Dies beinhaltet zusätzlich zur Datenübernahme den Abschluss der Benutzerschulung und die Einrichtung eines internen Help Desks. Die abschließende Überprüfung aller technischen Vorbereitungen durch den Go-Live-Check ist erforderlich, um sicherzustellen, dass die Produktion anlaufen kann. Dies beinhaltet u. a. Datenübernahmeprogramme, Schnittstellen und Systemmanagementverfahren.

2.3.4.6 Ziel der Phase Produktivstart und Support

In der Phase Produktivstart und Support erfolgt der Übergang von der vorproduktiven Umgebung zum produktiven Systembetrieb. Daten werden aus den Altsystemen übernommen und die ersten ausgewählten Prozesse werden im neuen System gestartet. Gerade für die ersten kritischen Tage sind Supporteinrichtungen in Form von Help Desks zur Unterstützung der Anwender notwendig. Ein Betreuungsteam aus Mitgliedern des Projektteams und des Fachkreises ist i.d.R. für den Support verantwortlich.

Aufgabe des Betreuungsteams ist es, die ersten Aktivitäten im neuen System zu überwachen und für einen reibungslosen Betrieb zu sorgen. Alle Probleme, die während dieser Phase auftreten, sind so schnell wie möglich zu lösen, da sie gravierende Auswirkungen auf das Unternehmen haben können. Zu beachten ist auch, dass aufgrund der erfolgten Buchungen i.d.R. ab einem gewissen Zeitpunkt eine Rückfallstrategie in die alte Systemumgebung nicht mehr durchführbar ist.

Im Rahmen des EarlyWatch sind nun im Produktivbetrieb die Systemleistungen zu optimieren. Es ist wichtig, gerade zum Produktivstart, die Gesamtleistung des Systems im Hinblick auf Systemdurchsatz, -kapazität und -funktionen zu überwachen. So kann eine nicht ausreichende Systemleistung zum Stillstand des Systems führen und ein Systemstillstand ist nicht selten für ein Unternehmen mit einem Produktionsstillstand verbunden.

Ziel der Phase Produktivstart und Support ist es, das Projekt offiziell zu beenden. Alle noch offenen Punkte, die im Laufe des Projektes aufgenommen wurden, sind zu klären und abzuschließen. Ebenso ist die Erreichung der Projektziele zu prüfen und ein Abschlussbericht zu erstellen. Die Produktivumgebung ist zu bestätigen und abzunehmen. In der Regel wird die offizielle Genehmigung der Produktivumgebung durch den Lenkungsausschuss oder die Geschäftsleitung des Unternehmens erteilt.

In diesem Kapitel wurde mit der Erläuterung der Begriffe Risiko, Risikomanagement und Projektmanagement die begriffliche Grundlage für die weiteren Kapitel geschaffen. Risiko wurde über den Vorfall, der möglicherweise eintritt als auch über die Wahrscheinlichkeit, mit der dieser eintritt sowie dessen Auswirkungen definiert.

Risikomanagement wurde als einen Teil des Managementprozesses, in dem die erforderlichen Verfahren zur Identifizierung, Quantifizierung, Handhabung und Kontrolle der Risiken eines Projektes zusammengefasst, sind definiert. Aufbauend auf der Analyse der Phasenkonzepte zum Risikomanagement in der Literatur wurden in diesem Kapitel die spezifischen Phasen Chancen und Ziele bestimmen, Risiken identifizieren und klassifizieren, Risiken quantifizieren, Risiken priorisieren, Maßnahmen planen, Maßnahmen managen sowie Überwachung und Risikobericht festgelegt.

Projekte sind Vorhaben, die im wesentlichen durch die Einmaligkeit der Bedingungen in ihrer Gesamtheit gekennzeichnet sind. Neben Projektorganisation und Projektsteuerung ist das Vorgehensmodell mit den Phasen Projektvorbereitung, Fachkonzept, Realisierung, Produktionsvorbereitung sowie Produktivstart und Support entscheidend für ein effektives Projektmanagement in Projekten zur Implementierung integrierter betrieblicher Standardsoftware.

3 Ermittlung der Anforderungen an Risikomanagementmethoden anhand einer Umfrage bei SAP®-Kunden

In der Literatur wird eine Vielzahl an Risikomanagementmethoden beschrieben; die jedoch in der Praxis oft nicht eingesetzt werden. Aus diesem Grund werden in diesem Kapitel die Anforderungen an Risikomanagementmethoden in Softwareprojekten anhand einer Umfrage (Anhang A) bei SAP®-Kunden ermittelt. Die Ergebnisse der Umfrage bilden die Grundlage für eine kritische Würdigung der Risikomanagementmethoden in Kapitel 4. Die durch die Firma SAP® [SAP02] im Jahr 2002 durchgeführte nationale Umfrage erhielt 49 Antworten bei ca. 1000 angefragten Kunden.

Der erste Abschnitt befasst sich mit der Art der durchgeführten Projekte. Hintergrund ist die Frage, wie die Projektdaten zu gruppieren sind, damit in neuen Projekten die Erfahrungen alter Projekte effektiv genutzt werden können. Im zweiten Abschnitt werden die Bedarfe bezüglich des Risikomanagements in Softwareprojekten ermittelt. Im Abschnitt Analyse der Ist-Situation wird die Projektesteuerung in Softwareprojekten betrachtet. Ziel ist zu erfahren, welche Rahmenbedingungen für das Risikomanagement in der vorliegenden Arbeit zu beachten sind. Abschließend wird geprüft, ob die Voraussetzungen, die einige Risikomanagementmethoden beinhalten, in Softwareprojekten gegeben sind.

3.1 Ergebnis der Kundenumfrage hinsichtlich der Strukturierung von SAP®-Projekten

Die Frage „Worum handelte es sich bei Ihrem wichtigsten SAP-Projekt?" sollte ermitteln, auf welche Arten von Projekten ein Risikomanagement hauptsächlich zu beziehen ist. 70 Prozent der Unternehmen beantworteten die Frage mit *Neueinführung* (Bild 3). Dagegen wurde *Systemzusammenführung*, *Releasewechsel* oder *Template erstellen und ausrollen* jeweils nur von 9 Prozent bis 11 Prozent der Befragten angegeben. Der Schwerpunkt in Bezug auf Risikomanagement ist somit bei Projekten, welche die Neueinführungen von Software beinhalten, zu sehen.

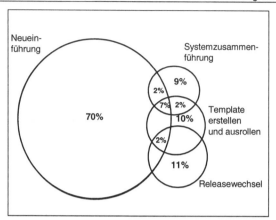

Bild 3 Ergebnis der Kundenumfrage hinsichtlich der Art der durchgeführten SAP®-Projekte

Ein Ziel bei der Gruppierung der Projektdaten ist die gleichmäßigere Verteilung der Projekte in Größenkategorien. Auf die Frage nach der Größe des wichtigsten SAP®-Projektes gaben über 40 Prozent der Unternehmen bis zu *2,5 Mio. Euro* an (Bild 4). Die anderen vier vorgegebenen Größenkategorien erhielten dagegen wesentlich weniger Nennungen. Um eine gleichmäßigere Verteilung der Projekte in die einzelnen Größenkategorien zu erzielen, erscheint es daher sinnvoll, die ursprünglich angedachten fünf Größenkategorien auf folgende drei Größenkategorien zu beschränken:

- 0 – 2,5   Mio. Euro,
- 2,6 – 15   Mio. Euro und
- größer 15   Mio. Euro.

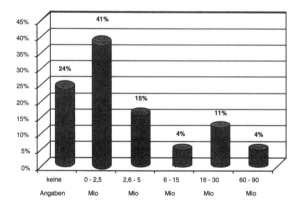

Bild 4 Ergebnis der Kundenumfrage hinsichtlich der Größe der SAP®-Projekte

Die Vertragsart ist in Bezug auf die Projektrisiken entscheidend, da hiermit die Verantwortlichkeiten festgelegt werden (vgl. Abschnitt 2.3.4.1). Die Frage „Welche Preisvereinbarungen wurden getroffen?" beantworteten 54 Prozent der Befragten mit *Verrechnung nach Aufwand* (Bild 5) und 17 Prozent der Befragten gaben Kombinationen aus *Festpreis* und *Verrechnung nach Aufwand* an. Dies bedeutet, dass in den meisten Projekten das Unternehmen und nicht der Lösungsanbieter die Hauptverantwortung für die Risiken übernimmt.

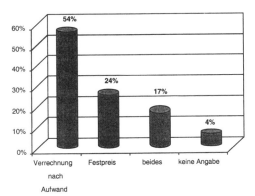

Bild 5 Ergebnis der Kundenumfrage hinsichtlich der Preisvereinbarungen der durchgeführten SAP®-Projekte

Die Frage „Welche Bereiche umfasste Ihr SAP-Projekt?" sollte den inhaltlichen Umfang der Projekte ermitteln. Sie wurde am häufigsten mit *Enterprise Management* und *Supply Chain Management* beantwortet. In diesen Bereichen sind somit auch am ehesten Erfahrungen zu nutzen. Mehrfachnennungen waren möglich. So gaben über 30 Prozent der Befragten drei Bereiche an (Bild 6).

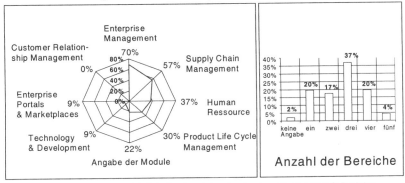

Bild 6 Ergebnis hinsichtlich der Bereiche der durchgeführten SAP®-Projekte

3.2 Ergebnis der Kundenumfrage hinsichtlich der Anforderungen in SAP®-Projekten

Zunächst wurde mit der Frage „Wo würden Sie zum Thema Risikomanagement Unterstützung erwarten?" der Bedarf an Unterstützung ermittelt. Rund 2/3 der Befragten wünschten sich Unterstützung in *Methode* und *Tool* und knapp 1/3 Unterstützung durch einen *Risikomanager* (Bild 7). Kein Befragter gab an, dass keine Unterstützung notwendig ist. Es ist somit festzustellen, dass Unternehmen in SAP®-Projekten Bedarf an Unterstützung zum Thema Risikomanagement sehen.

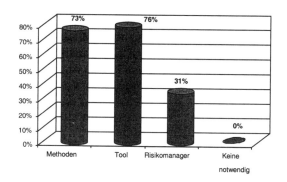

Bild 7 Ergebnis der Kundenumfrage hinsichtlich der erwarteten Unterstützung zum Thema Risikomanagement

In der Literatur wird die Frage, wer den Risikomanager stellen soll, konträr beantwortet (vgl. Abschnitt 2.3.2). Aus diesem Grund sollte mit der Frage „Welche Abteilung sollte aus Ihrer Sicht den Risikomanager stellen; ist ein separater Risikomanager für Projekte erforderlich?" die Anforderungen der Praxis ermittelt werden. 50 Prozent der Befragten gaben an, der Projektleiter sollte auch Risikomanager sein und 30 Prozent erwarteten einen separaten Risikomanager (Bild 8). Das Thema ist somit in der Praxis ebenso wenig eindeutig beantwortet wie in der Literatur. Bei der Angabe, welche Abteilung den Risikomanager stellen sollte, gibt es keine gravierenden Unterschiede. Die Frage, ab welcher Projektgröße ein separater Risikomanager erforderlich ist, wurde so auch von der überwiegenden Zahl der Befragten nicht beantwortet.

Ermittlung der Anforderungen

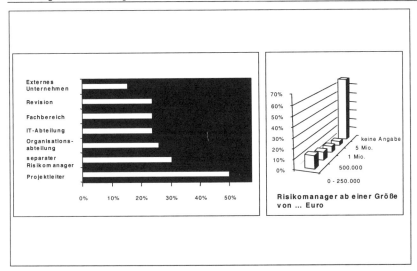

Bild 8 Ergebnis der Kundenumfrage hinsichtlich der Rolle des Risikomanagers

Es ist entscheidend die Präferenzen der Projektziele in Form von Kosten, Zeit und Qualität zu kennen. Sie stehen im direkten Zusammenhang mit der Bedeutung der möglichen Schadensarten und helfen so Risiken angemessen zu begegnen. Aus diesem Grund wurde die Frage „Was ist für Sie bei der Projektdurchführung entscheidend?" gestellt. Für die Punkte Qualität, Zeit und Kosten war jeweils eine Reihenfolge anzugeben. 70 Prozent der Befragten gaben an, dass *Qualität* für sie an erster Stelle steht (Bild 9). Dagegen standen für nur 13 Prozent der Befragten *Kosten* an erster Stelle und für nur 26 Prozent der Befragten *Zeit*. Auf der anderen Seite gaben 50 Prozent der Befragten an, dass Zeit für sie erst an dritter Stelle steht. Kosten standen lediglich für 33 Prozent an dritter Stelle und Qualität sogar nur für 13 Prozent. Qualität ist somit für die überwiegende Zahl der Befragten das entscheidende Kriterium, gefolgt von Kosten und Zeit .

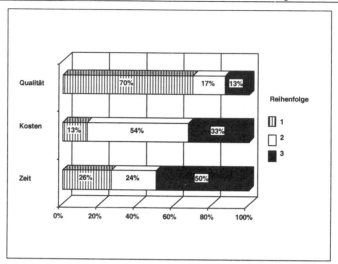

Bild 9 Ergebnis der Kundenumfrage hinsichtlich der Reihenfolge der Projektziele

3.3 Ergebnis der Kundenumfrage hinsichtlich der Ist-Situation in SAP®-Projekten

Zunächst wurden die Projektsteuerungsinstrumente ermittelt, da diese die Rahmenbedingungen für das Risikomanagement in der vorliegenden Arbeit bilden. Auf die Frage „Wie steuern und kontrollieren Sie Ihre Projekte?" antworteten jeweils über 90 Prozent mit *Statusberichte* und *Meilenstein* (Bild 10). Während *Abarbeitungsgrad* bei 67 Prozent und *Kapazitätsplanung* bei 57 Prozent der Befragten üblich sind, gaben nur 28 Prozent der Befragten *Risikoliste* an. Das Risikomanagement trifft somit i.d.R. auf eine solide Projektsteuerung. Allerdings ist das Risikomanagement selbst in SAP®-Projekten nicht üblich. Dies lässt sich aufgrund des geringen Einsatzes von Risikolisten, die ein zentraler Bestandteil des Risikomanagements sind, schließen.

Ermittlung der Anforderungen

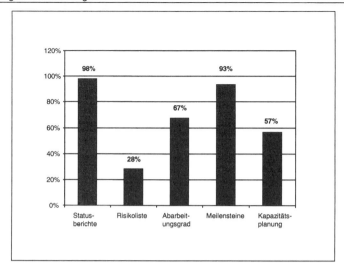

Bild 10 Ergebnis der Kundenumfrage hinsichtlich der Projektsteuerung

Werden die Kosten für Risiken nicht nur pauschal durch eine großzügige Projektkalkulation bestimmt, so besteht die Möglichkeit, Abweichungen innerhalb des Projektes zu vermindern [ESII02]. In Summe sind dann geringere Rücklagen erforderlich. Vor diesem Hintergrund wurde die Frage „Auf welche Art werden bei Ihnen Rücklagen für Risiken im Projekt gebildet?" gestellt. Es konnten die Antworten *Großzügige Projektkalkulation*, *Rücklagen für bekannte Risiken*, *Rücklagen für unbekannte Risiken* und *Separate Managementrücklagen* angegeben werden. Mehrfachnennungen waren möglich. 52 Prozent der Befragten antworteten mit *Großzügige Projektkalkulation* (Bild 12). Mehrfachnennungen, die eine Differenzierung der Risikokosten zeigen, wurden nur von wenigen angegeben. Somit ist festzustellen, dass die Kosten für Risikomanagement in Softwareprojekten i.d.R. nicht differenziert geplant werden. Ursache hierfür können nach Gleason [Glea01] folgende Widerstände sein: „Regionalleiter sind alles andere als erpicht darauf, dass die von ihnen eingegangenen Risiken exakt gemessen und für jedermann offensichtlich werden."

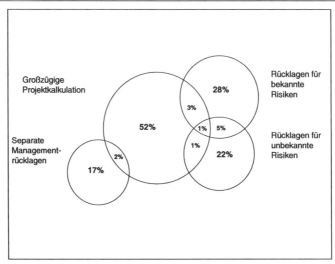

Bild 11 Ergebnis der Kundenumfrage hinsichtlich der Art der Rücklagenbildung für Risiko

In der Literatur wird empfohlen, bereits zu Projektbeginn Abbruchkriterien zu definieren [ESII02]. Deshalb wurde gefragt: „Legen Sie in der Zielvereinbarung Kriterien fest, wann ein Projekt nicht mehr erfolgreich ist?" Knapp 2/3 der Befragten definieren keine Abbruchkriterien in der Zielvereinbarung (Bild 12).

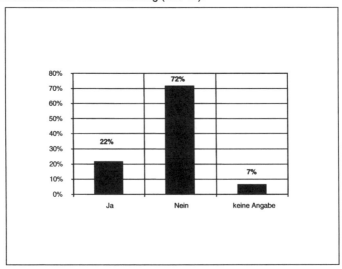

Bild 12 Ergebnis der Kundenumfrage hinsichtlich der Festlegung von Abbruchkriterien

Aufbauend auf die Frage der Festlegung von Abbruchkriterien in der Zielvereinbarung wurde die Frage gestellt: „Wann ist ein Projekt für Sie nicht mehr erfolgreich?". Hierbei war es möglich, bezüglich Dauer, Kosten, Nutzen und Qualität jeweils eine Angabe in Prozent abzugeben, die sich auf die Überschreitung, bzw. bei der Qualität, auf die Unterschreitung des Projektziels bezog. Die meisten Nennungen lagen im Bereich zwischen 0-25 Prozent, bei höheren Überschreitungen kamen kaum Nennungen vor (Bild 13). Dies bedeutet, dass bereits bei einer Überschreitung um ein Viertel des geplanten Wertes i.d.R. ein SAP®-Projekt als nicht mehr erfolgreich angesehen wird. Für knapp 50 Prozent der Befragten war das Kriterium Qualität um *0–25 Prozent unterschritten* entscheidend, um ein SAP®-Projekt als nicht erfolgreich zu bezeichnen. Da dies die häufigste Nennung war, ist anzunehmen, dass Qualität auch als das entscheidende Kriterium für den Erfolg eines SAP®-Projektes angesehen wird. Dieses Ergebnis stimmt mit dem Ergebnis hinsichtlich der Reihenfolge, was bei der Projektdurchführung entscheidend ist, überein (vgl. Abschnitt 3.2).

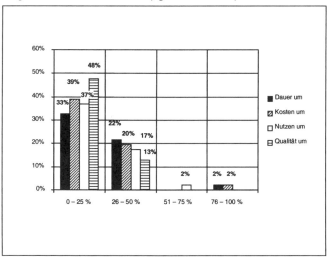

Bild 13 Ergebnis der Kundenumfrage hinsichtlich der Überschreitung, bei der ein Projekt nicht mehr erfolgreich ist

Die Konsequenzen für ein nicht erfolgreiches Projekt wurden mit „Sollte ein nicht erfolgreiches Projekt aus Ihrer Sicht abgebrochen werden?" erfragt (Bild 14). Erfolglose Projekte sollten für die Mehrheit der Befragten abgebrochen werden. Viele gaben an, dass die Umstände zu prüfen sind. Der Abbruch des Projektes ist somit beim Risikomanagement als eine mögliche Maßnahme zu berücksichtigen.

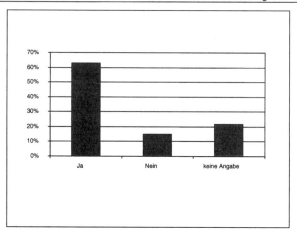

Bild 14 Ergebnis der Kundenumfrage hinsichtlich der Frage, ob ein nicht erfolgreiches Projekt abgebrochen werden sollte

3.4 Ergebnis der Kundenumfrage hinsichtlich der in SAP®-Projekten einsetzbaren Risikomanagementmethoden

Mit der Frage „Kommen die folgenden Kategorien zur Strukturierung Ihrer Risikoliste in Frage?" sollten die geplanten Risikokategorien verifiziert werden (vgl. Abschnitt 4.2.3). Allen vorgeschlagenen Kategorien wurde mit einer Mehrheit von über 2/3 zugestimmt (Bild 15). Sie können somit für das Risikomanagement in Softwareprojekten verwendet werden.

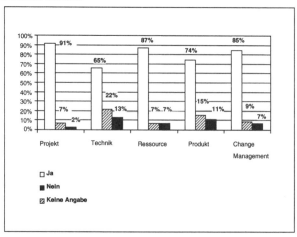

Bild 15 Ergebnis der Kundenumfrage hinsichtlich der Kategorien zur Risikostrukturierung

Ermittlung der Anforderungen

Mit der Frage „Wie hoch ist aus Ihrer Sicht das Risiko zu den unterschiedlichen Zeitpunkten im Projekt?" sollte die Bedeutung der Zeit bei der Risikobewertung ermittelt werden. Hierbei wurde auf die einzelnen Phasen des Projektvorgehensmodells eingegangen (siehe 2.3.4). Zu jeder Phase konnte die Risikolage mit gering, mittel oder hoch angegeben werden. Das Gesamtrisiko nimmt für die meisten Befragten mit Projektfortschritt ab. So wurde die Angabe *Risiko ist hoch* in der Angebotsphase von 60 Prozent der Befragten getroffen und bei Produktivstart nur von 12 Prozent der Befragten (Bild 16). Auf der anderen Seite wurde die Angabe *Risiko ist gering* in der Angebotsphase nur von 11 Prozent der Befragten getroffen und beim Produktivstart dagegen von 53 Prozent der Befragten.

Dies verdeutlicht, dass die Zeit bei der Bewertung der Risikolage eine wesentliche Rolle spielt. Ein Grund ist, dass die offenen Risiken im Laufe der Zeit besser einschätzbar sind, da sie konkreter werden als zu Beginn des Projektes. Darüber hinaus sind einige Risiken, die zu Projektstart bestanden, zum Projektende bewältigt. Andere Risiken sind eingetroffen und somit kein Risiko mehr, sondern ein Problem.

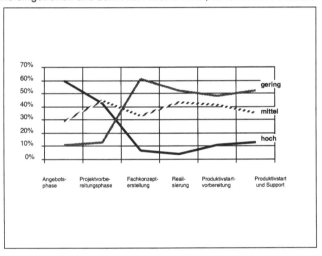

Bild 16 Ergebnis der Kundenumfrage hinsichtlich der Risikobewertung im zeitlichen Verlauf

Die Frage „Mit welcher Technik planen Sie Ihre Software-Projekte?" war entscheidend, um die Einsetzbarkeit von Methoden zur Risikobewertung zu ermitteln. Der *Projektstrukturplan* ist als Grundlage für Risikomanagementmethoden einsetzbar, da über 90 Prozent der Befragten ihn verwenden (Bild 17). Risikomethoden, die auf Netzplantechnik beruhen, wie z. B. Monte-Carlo-Simulation and Review Technique (PERT) (vgl. Abschnitt 4.3.4), sind dagegen in der Praxis nicht durchgehend einsetzbar, denn nur 30 Prozent der Befragten gaben an, dass sie mit Netzplänen arbeiten.

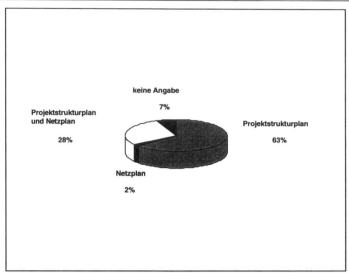

Bild 17 Ergebnis der Kundenumfrage hinsichtlich der Projektplanungstechniken

Bei der Planung von Maßnahmen wird die Methode Entscheidungsbaumverfahren in der Literatur immer wieder vorgestellt (vgl. [Wide92], [Ver+96] und [ESII02]). Für die Durchführung dieses Verfahrens ist allerdings eine gewisse Auswahl an Maßnahmen als Grundlage erforderlich. Die Frage „Wie viele mögliche Maßnahmen ermitteln Sie im Durchschnitt pro Risiko?" sollte daher ermitteln, ob in Softwareprojekten diese Grundlage vorhanden ist, um das Entscheidungsbaumverfahren anzuwenden.

Es gaben knapp 60 Prozent der Befragten an, *ein bis zwei Maßnahmen* pro Risiko zu planen und 20 Prozent der Befragten gaben an, *eine Maßnahme* pro Risiko zu planen (Bild 18). Die Methode Entscheidungsbaumverfahren scheint daher bei dieser geringen Auswahl an Maßnahmen in der Praxis nicht durchgängig für Softwareprojekte anwendbar zu sein.

Ermittlung der Anforderungen

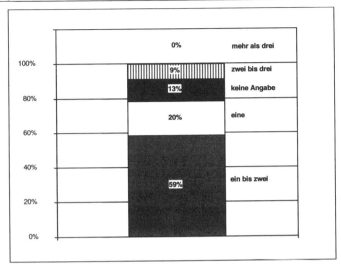

Bild 18 Ergebnis der Kundenumfrage hinsichtlich der durchschnittlich ermittelten Anzahl der möglichen Maßnahmen pro Risiko

Eine Risikostrategie ist unter anderem das Übertragen von Risiken (vgl. Abschnitt 4.5.1). Daher ist für Softwareprojekte interessant, in welchem Umfang Risiken übertragen werden können. Die Frage „Zu wieviel Prozent können Sie folgende Arten von Risiken auf andere Firmen übertragen?" bezog sich hierauf. Als Antwort konnten die Risikoarten *System/Technik, Ressource, Projekt, Produkt Management* oder *Change Management* angegeben werden. *Change Management* ist weniger gut übertragbar, *Ressourcen* und *Projektrisiken* sind eher übertragbar (Bild 19). Die Übertragbarkeit liegt nach gewichteter Auswertung bei 15 –25 Prozent.

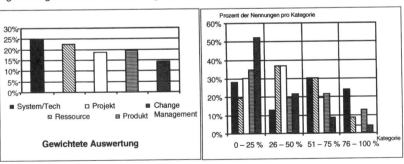

Bild 19 Ergebnis der Kundenumfrage, zu wie viel Prozent die Risiken der einzelnen Risikoklassen übertragen werden können

In diesem Kapitel wurden als Grundlage für Kapitel 4, welches sich mit der Festlegung der Risikomanagementmethoden in Softwareprojekten befasst, die Ergebnisse einer Umfrage bezüglich des Risikomanagements in SAP®-Projekten präsentiert. Es wurde ermittelt, welche Anforderungen die Unternehmen an ein Risikomanagement haben und welche Methoden des Risikomanagements in der Praxis einsetzbar sind.

Ergebnisse in Bezug auf die Strukturierung der Projektdaten sind, dass der Schwerpunkt bei Neueinführungsprojekten und Verrechnung nach Aufwand liegt. Die Projekte können nach drei Größenkategorien gruppiert werden. In Unternehmen wird Unterstützung zum Thema Risikomanagement in Form von Methode und Tool erwartet. Risikomanagement ist in Unternehmen wenig entwickelt, daher sind Risikolisten und eine detaillierte Risikokalkulation nicht üblich. Ein weiteres Ergebnis ist, dass für die meisten Befragten die Qualität eine größere Bedeutung hat als Zeit und Kosten. Softwareprojekte werden i.d.R. nicht mit Netzplänen geplant und so sind Methoden wie Monte-Carlo-Simulation und PERT für die Quantifizierung von Risiken wenig geeignet. Festgestellt wurde, dass mit dem zeitlichen Verlauf die Risikolage als immer weniger hoch eingeschätzt wurde. Weiterhin wurden die vorgeschlagenen Risikokategorien bestätigt. Das Entscheidungsbaumverfahren hat sich dagegen als weniger praxistauglich herausgestellt.

4 Analyse der Methoden innerhalb des Risikomanagementprozesses und Beurteilung ihrer Eignung für Softwareprojekte

Es existieren in der Literatur unterschiedliche Ansätze zum Risikomanagement, die sich allerdings i.d.R. auf Einzelaspekte der verschiedenen wissenschaftlichen Teildisziplinen beschränken. Aus diesem Grund ist ein Ziel dieses Kapitels, ähnlich wie beim Graduiertenkolleg Risikomanagement [Kemp03], den interdisziplinären Aspekten des Themas gerecht zu werden. Es sollen die vorhandenen Ansätze aus Betriebswirtschaft, Sozialwissenschaft, Informatik und Statistik integriert werden. Zur Gestaltung einer effektive Unterstützung für Risikomanagement in Projekten zur Implementierung integrierter betrieblicher Standardsoftware werden die wichtigsten gegenwärtigen Risikomanagementmethoden analysiert und u.a. anhand der Umfrageergebnisse im Kapitel 3 kritisch gewürdigt.

Dieses Kapitel ist nach den in Abschnitt 2.2.3 festgelegten Phasen des Risikomanagementprozesses gegliedert (Bild 20). Die einzelnen Phasen des Risikomanagementprozesses werden nacheinander durchlaufen, wobei die Phasen nicht nur aufeinander aufbauen, sondern sich auch gegenseitig beeinflussen [ASNZ99].

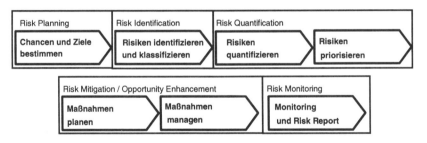

Bild 20 Phasen des Risikomanagementprozesses in Projekten zur Implementierung integrierter betrieblicher Standardsoftware

Der erste Abschnitt *Chancen und Ziele bestimmen* umfasst die Analyse der Stakeholder, die Bedeutung des möglichen Nutzens und Projektkontextes sowie die Festlegung von Erfolgs- und Abbruchkriterien. Im folgenden Abschnitt werden zur Identifizierung der Risiken Methoden wie Brainstorming, Expertenbefragung, Analogiemethode und Checkliste behandelt. Die Klassifizierung der Risiken bietet Unterstützung, um die gefundenen Risiken zu strukturieren. Im Abschnitt Risiken quantifizieren werden die Delphi-Methode, PERT und PEA analysiert und der Bezug der Risikomanagementkosten zum Projektlebenszyklus ermittelt. Der Abschnitt Risiken priorisieren umfasst das Risikoportfolio, die Equi-Risk-Contour-Methode, das Filtering, die komparative Risikorangfolge und die Wirkungsanalyse. Basis des Abschnitts Maßnahmen planen sind die Risikostrategien. Es folgen das Ishikawa-Diagramm, das Entscheidungsbaumverfahren und auch das wissensbasierte Risikomanagement. Der Abschnitt Maßnahmen managen geht auf die Behandlung der schwachen Signale und das Partnermanagement ein; er beinhaltet aber auch die Fortschrittswertermittlung. Im abschließenden Teil Überwachung und Risikobericht liegt der Schwerpunkt auf der in der vorliegenden Arbeit neu gebildeten Risikokennzahl.

4.1 Grundlegende Elemente der Risikomanagementphase Chancen und Ziele bestimmen

Alle Projekte beinhalten Risiken; dies ist nicht zu verhindern [ChWa97]. Es ist jedoch zu beachten, dass den eingesetzten Risiken auch ausreichend hohe Chancen gegenüberstehen. Denn steigen die Gewinnaussichten, so wird auch das einzugehende Risiko akzeptabler [Prit97].

Die Definition des Begriffs Chance ist analog zur Definition des Begriffs Risiko über das Produkt der Faktoren Eintrittswahrscheinlichkeit und Höhe des möglichen Nutzens gegeben (vgl. Abschnitt 4.3.1). Bei der Bestimmung der Ziele werden die Chancen in messbare Nutzengrößen gefasst. Wobei unter einem Ziel ein erstrebenswerter Zustand verstanden wird, der in der Zukunft liegt und dessen Eintritt von bestimmten Handlungen abhängig ist, der also nicht automatisch eintritt [Gern02].

Zunächst wird in diesem Abschnitt mit der Stakeholderanalyse auf die unterschiedlichen Ziele, die Personen im Projekt anstreben, eingegangen. Weitergehend wird im nächsten Abschnitt ausgehend von den Nutzenkategorien für Softwareeinführungen der Einfluss des Projektkontextes auf die Projektziele untersucht. Die Festlegung von Erfolgs- und Abbruchkriterien befasst sich mit der Frage, wann ein Projekt als erfolgreich und unter welchen Bedingungen ein Projekt gestoppt werden sollte.

4.1.1 Analyse der Stakeholder zur Identifizierung der Interessenlagen

Viele Unsicherheiten innerhalb eines Projekts beruhen auf den unterschiedlichen Zielsetzungen der am Projekt beteiligten oder betroffenen Personen. Daher sind vor jedem Projekt die unterschiedlichen Interessenlagen im Rahmen einer Stakeholderanalyse zu ermitteln [ChWa97]. Nach ISO 9000-1 sind Stakeholder „an individual or group of individuals with a common interest in the performance of the supplier organization and the environment in which it operates" [Bart00]. In Projekten zur Implementierung integrierter betrieblicher Standardsoftware können alle Projektrollen (vgl. Abschnitt 2.3.2), aber auch der Auftraggeber, die Anwender und der Betriebsrat Stakeholder sein.

Im Rahmen der Stakeholderanalyse ist es wichtig, die Personen, die ein Ziel verfolgen, auch als Vertreter dieses Ziels zu benennen [Rupp02]. Der Stakeholder trägt somit bereits zu Projektbeginn einen Teil der Verantwortung. An dessen Beurteilung kann die Ökonomie des Zieles während des Projektverlaufes immer wieder gemessen werden. Bei der abschließenden Risikobeurteilung hat der Risikomanager dann durch die Stakeholderanalyse die Möglichkeit, die politischen Einflussfaktoren der verschiedenen Interessenlagen herauszufiltern (vgl. Abschnitt 4.8.2) und so die Risikolage möglichst realistisch darzustellen.

Zu Beginn der Zielfindung ist es kaum möglich, alle Stakeholder zu erfassen; dies wird eine begleitende Tätigkeit über die gesamte Projektlaufzeit. Gerade neu ermittelte Stakeholder können für die Identifizierung potenzieller Risiken, ihrer Bewertung und möglicher Maßnahmen sehr wertvoll sein. Wichtig ist es nach Boehm [Boeh91] nicht nur, Zielkonflikte offen zu legen, sondern Stakeholder in den Risikomanagementprozess einzubinden und bei der Lösung von Zielkonflikten Win-Win-Situationen zu schaffen. Dies ist durch Integration der unterschiedlichen Interessenlagen zu erzielen.

4.1.2 Beschreibung der Nutzenkategorien für Softwareeinführungen unter Berücksichtigung des Projektkontextes

Die Volkswirtschaftslehre nahm in der klassischen Nutzentheorie an, dass der Nutzen ein numerisches Maß für das Glück eines Konsumenten sei [Vari01]. In der neueren Ökonomie wurde der Nutzen nicht mehr metrisch, sondern ordinal durch die Gegenüberstellung der Nutzen zweier Güterbündel gemessen [Brau76]. Im Gegensatz hierzu erfolgt die Messung des Nutzens eines Gutes in der Betriebswirtschaftslehre hauptsächlich im Rahmen der Wirtschaftlichkeitsanalyse.

Die herkömmlichen Ansätze der Wirtschaftlichkeitsrechnung reichen jedoch bei der Analyse des Nutzens von integrierter betrieblicher Standardsoftware nicht aus. Grund ist, dass bei der Implementierung von Standardsoftware die qualitativen Nutzenwirkungen einen wesentlichen Teil ausmachen. Ein Ansatz den Nutzen zu ermitteln, ist daher der Vergleich zum Vorgängersystem. Hier ist die Frage zu beantworten, ob die neue Software einen höheren Beitrag zur Erreichung von übergeordneten Unternehmenszielen leisten als das bestehende System [Mar+02]. Ausgehend von dieser Definition können folgende von Frese [Fres00] definierte Subziele als Nutzenkategorien für Softwareeinführungen abgeleitet werden:

- *Prozesseffizienz:* Verbesserung der Geschäftsprozesse bzgl. der Kriterien Kosten, Qualität und Zeit.
- *Markteffizienz:* Verbesserung der Chancen auf externen Absatz- und Beschaffungsmärkten.
- *Ressourceneffizienz:* Verbesserung der Produktivität und Wirtschaftlichkeit.
- *Delegationseffizienz:* Verbesserung der Informationsgewinnung.
- *Motivationseffizienz:* Verbesserung des unternehmenszielkonformen Verhaltens der Mitarbeiter.

Das Festlegen der Ziele hat einen starken Einfluss auf den Erfolg der Systementwicklung und sollte daher schriftlich fixiert werden [Rupp02]. Hierbei ist zu berücksichtigen, dass die Ziele folgenden Kriterien entsprechen:

- spezifisch-konkret,
- messbar, kontrollierbar,
- aktiv, beeinflussend,
- realistisch und
- terminiert.

Im Rahmen der Zielbetrachtung ist nicht nur das eigentliche Projekt zu betrachten, sondern der gesamte Kontext einschließlich technischer, unternehmensspezifischer, geschäftlicher, politischer, finanzieller und marktpolitischer Aspekte [IEC01]. Andere Projekte des Unternehmens sowie unternehmensweite Ziele, die ein Projekt einschränken oder in eine andere Richtung leiten können, sind zu berücksichtigen. Verfolgt ein Unternehmen mehr als ein Projekt, so kann das Programm Management als essenzieller Prozess, um strategische Entscheidungen zu managen, Unterstützung leisten. Denn Geschäftsvorteile werden durch eine kombinierte Nutzung von Werten in unterschiedlichen Projekten erzielt [PMI00]. Programm Management ist somit mehr als das Steuern großer oder vieler Projekte. Typische Aufgabenbereiche sind die Bewertung der Potenziale von Projekten und die Überprüfung der ressourcenseitigen Machbarkeit.

Gerade Projekte zur Implementierung integrierter betrieblicher Standardsoftware unterliegen häufig Änderungen. Änderungen machen einen wesentlichen Teil des Projektes aus [Litk96]. Durch Change Management sind Änderungen zu überwachen und zu kommunizieren. Hier ist wichtig, Änderungen der ursprünglich festgelegten Projektziele zu ermitteln und zu entscheiden, ob diese angenommen werden und wer die

Kosten trägt. Des weiteren sollte geprüft werden, ob durch die Änderungen neue Risiken entstehen.

4.1.3 Festlegung von Erfolgs- und Abbruchkriterien

Weder das Unternehmen, das eine neue Software einführt, noch der Lösungsanbieter können es sich leisten, große Projekte außerhalb des vorgesehenen Zeit-, Kosten- und Qualitätsrahmens durchzuführen. Werden die Ziele eines Projektes betrachtet, so ist wichtig festzuhalten, wann ein Projekt als erfolgreich gilt und unter welchen Bedingungen ein Projekt gestoppt werden sollte. Zu einer effizienten Softwareimplementierung gehören für SAP® folgende Faktoren [SAP99]:

- geringer Zeitaufwand, kurze Implementierungszeit,
- geringe Kosten, Planungssicherheit, wenige Beratungstage,
- leichte Benutzbarkeit, leichtes Verstehen und Lernen, einfache Lösungen und
- Sicherstellung der Qualität.

In der Literatur wird empfohlen, bereits zu Beginn des Projektes Abbruchkriterien in der Zielvereinbarung zu definieren [ESII02]. Ein Projektabbruch sollte eingeleitet werden, wenn vordefinierte Bedingungen eintreten, die auf Kosten, Zeitplan, Leistung oder sonstigen Kriterien basieren. Die Kosten und die Durchführbarkeit eines Projektabbruchs sind hierbei zu berücksichtigen [Eich96]. Gegebenenfalls kann daher vor einem Abbruch eine Projektsanierung sinnvoll sein. Dies erfordert jedoch drastische Maßnahmen, wie z. B. den Wechsel der Projektleitung. Spätestens in der Phase Produktivstartvorbereitung ist in Softwareprojekten zudem eine Strategie zur Wiederherstellung des vorherigen Zustandes erforderlich, um den Betriebsablauf im Unternehmen sicherzustellen. Dieser Rückfallplan geht davon aus, dass ein Risiko eingetroffen ist.

Laut Umfrageergebnis ist es zwar in der Praxis in Softwareprojekten nicht üblich, Abbruchkriterien in der Zielvereinbarung festzulegen (vgl. Abschnitt 3.2), allerdings bestehen eindeutige Vorstellungen, wann ein Projekt nicht erfolgreich ist; nämlich wenn die Qualität um bis zu einem Viertel unterschritten ist (vgl. Abschnitt 3.3). Vor diesem Hintergrund ist ein gemeinsames Verständnis über die Bedeutung des Begriffs Qualität und wie sie erreicht werden kann, ist für den Projekterfolg entscheidend [Mang02]. Da jedes Teammitglied ein subjektives Empfinden für Qualität hat, wird Qualität zu einer relativen Angelegenheit. An den drei Faktoren Stress, Unzufriedenheit und Unbrauchbarkeit ist allerdings fehlende Qualität festzumachen [Mang02].

4.2 Methoden in der Risikomanagementphase Risiken identifizieren und klassifizieren

Bei Entscheidungen ist es von großer Bedeutung, möglichst umfassende Informationen vorliegen zu haben. Es ist wichtig, die Risiken im Projekt früh zu erfassen, um richtig zu handeln und keine Entscheidungen zu treffen, die zu dem Eintritt eines Risikos führen. In der Risikomanagementphase *Risiken identifizieren und klassifizieren* wird deshalb das Projekt auf mögliche Risiken untersucht und anschließend in Risikoklassen gruppiert.

Zunächst werden in diesen Abschnitt die Grundlagen der Risikoformulierung und die Quellen der Risikoidentifizierung herausgestellt. Nachfolgend werden einige Methoden zur Risikoidentifikation vorgestellt. Dazu zählen Expertenbefragung, Brainstorming und nominale Gruppentechnik. Ebenso wird auf die Verwendung von Analogiemethode und Checklisten eingegangen. Die Beschäftigung mit der Klassifizierung der Risiken hat das Ziel, die Risiken effektiv zu gruppieren, um so eine Grundlage für ein wissensbasiertes Risikomanagement in Softwareprojekten zu schaffen.

4.2.1 Grundlagen der Risikoformulierung und Quellen der Risikoidentifizierung

Die Effektivität des gesamten Risikomanagements hängt laut ESI International [E-SII02] von der Qualität und Genauigkeit der Formulierung der Risiken ab. Als Richtlinien zur Risikobeschreibung wird empfohlen, in vollständigen Sätzen so genau wie möglich zu formulieren sowie den Umfang der Auswirkungen anzugeben. Zur vollständigen Beschreibung eines Risikos gehören [Schn97]:

- Risikonummer,
- Kurzbeschreibung des Risikos,
- Zuordnung einer Risikokategorie,
- Ursachen,
- Projektphase, in dem Risiko zu erwarten ist,
- Auswirkungen im Projekt,
- Erwartete Verzögerungen durch den möglichen Eintritt des Risikos,
- Abhängigkeiten zwischen Risiken und
- Quelle.

Als Grundlage zur Risikoidentifizierung können Informationen aus unterschiedlichen Quellen herangezogen werden. Sie gewährleisten, dass das Projekt mit seinen Risiken umfassend betrachtet wird. In Softwareprojekten sind zur Risikoidentifizierung folgende Quellen geeignet:

- Projektstrukturplan,
- Vertrag oder Angebot,
- Einsatzuntersuchung und Nutzenpotenziale,
- Terminplan, Ressourcenplan, Kostenplan und
- Erfahrungswerte aus anderen Projekten.

Wird der Projektstrukturplan als Grundlage zur Risikoidentifizierung verwendet, dann geben die einzelnen Projektstrukturplanelemente Themen vor, anhand derer Risiken identifiziert werden. Es ist jedoch zu beachten, dass der Projektstrukturplan vollständig sein muss, um alle Aspekte zu betrachten. Ein unvollständiger Projektplan kann zudem selbst ein Risiko darstellen.

4.2.2 Methoden zur Unterstützung der Risikoidentifikation

Zur Identifizierung der Risiken können nur selten theoretisch/mathematische Modelle angeführt werden. Es überwiegen sinnvoller Weise die Kreativitätstechniken, bei denen die Ergebnisse im Gegensatz zu den theoretisch/mathematischen Modellen auch kritisch geprüft werden [Schn97].

4.2.2.1 Einzelinterview bei der Expertenbefragung

Da nicht alle Informationen, die für eine genaue Risikoeinschätzung erforderlich sind, von vorherigen Projektdaten abgeleitet werden können, ist die Abhängigkeit von Experten beim Risikomanagement immer gegeben. Nahezu alle Risikoanalysetechniken beruhen mehr oder weniger auf Expertenmeinungen. Zu berücksichtigen ist, dass es schwierig sein kann, zwischen guten und weniger guten Einschätzungen von Experten zu unterscheiden. Die Auswahl der Experten sollte daher sorgsam vorgenommen werden. So stellt auch Pritchard heraus: „Obtaining accurate judgments from technical experts is one of the most critical elements in risk identification and risk quantification." [Prit97]

Die Technik der Expertenbefragung beruht darauf, Experten zu identifizieren und sie dann methodisch über die Risiken in ihrem Gebiet zu befragen; Interviews sind hierbei üblich. Der Interviewer bereitet sich vor, indem er die Themenschwerpunkte und den Leitfaden durch die Agenda erarbeitet und diese zusammen mit der geplanten Dauer des Interviews kommuniziert. Die bei den einzelnen Interviews ermittelten Risiken sind dann korrekt und verständlich in einer Risikoliste zusammenzufassen.

Unabhängig ob es sich um eine Expertenbefragung im Einzelinterview oder einen Workshop handelt, sollte der Risikomanager immer so fragen, dass der Befragte nicht in die Situation einer Rechtfertigung kommt. Erst in einer offenen und entspannten Atmosphäre ist es möglich, die relevanten Risiken herauszufinden und mit brisanten Themen angemessen umzugehen.

Die Fragetechnik ist ein wichtiges Element einer erfolgreichen Gesprächsführung, da geschickt eingesetzte Fragen eine gezielte Gesprächsführung ermöglichen [Birk02]. Es können drei Arten von Fragen unterschieden werden: offene Fragen, geschlossene Fragen und Alternativfragen. Offene Fragen beginnen mit einem W-Fragewort, z. B. wer, was, wie, welche, wann. Ziel ist es, dass der Befragte seine Antwort frei formulieren und seine Gedanken offen legen kann. Geschlossene Fragen sind Fragen, auf die mit „Ja" oder „Nein" geantwortet werden kann. Ziel ist es, zu bestätigen oder zu kontrollieren, z. B. ob ein Sachverhalt richtig verstanden wurde. Geschlossene Fragen sind wesentlich steuernder als offene Fragen, so werden Informationen durch diese Fragetechnik ausgeschlossen und begrenzt. Auf diese Weise bietet diese Fragetechnik auch die Möglichkeit, Personen, die lange Monologe führen, in ihren Ausführungen zu begrenzen. Alternativfragen bieten ebenso die Wahl zwischen zwei Möglichkeiten. Hier soll durch die Begrenzung der Entscheidungsmöglichkeiten auf zwei Lösungen schnell eine Entscheidung erzielt werden.

Die Expertenbefragung ist besonders für den Interviewer zeitaufwendig. Ebenso fehlt die Interaktion in der Gruppe. Daher ist diese Vorgehensweise hauptsächlich bei Spezialisten, wie z.b. der Rechtsabteilung in Bezug auf vertragliche Risiken und bei Managern, die aus Zeitgründen nicht am Workshop teilnehmen können, zu empfehlen.

4.2.2.2 Informationsaustausch beim Brainstorming

Es gibt verschiedene Formen des Brainstormings[2]. Gemeinsam ist ihnen, dass sich eine Gruppe von Personen in einem Raum zusammenfindet, um zu einem vorgegebenen Thema in einem begrenzten Zeitrahmen Ideen zu sammeln [Schn97]. Das Brainstorming findet unter Anleitung eines Moderators und idealerweise eines zusätzlichen Zeitmanagers statt.

Die Teilnehmer des Brainstormings sollten so zusammengesetzt sein, dass sie das Wissen aus allen erforderlichen Fachbereichen abdecken. Sicherlich hängt die Anzahl der Teilnehmer und damit der Aufwand für das Brainstorming von der Größe und der Komplexität des Projektes ab. Wird die Gruppe zu groß, um effektiv arbeiten zu

---

[2] Z.B. 6-3-5-Methode, Morphologischer Kasten, Semantische Intention (vgl. [Schl02] und [Gam96])

können, so ist diese in Teilgruppen zu unterteilen. Eine Gliederung bietet sich nach Fachthemen oder Teilprojekten an.

Beim klassischen Brainstorming ist das Ziel, das kreative Potenzial aller Teilnehmer bei der Suche nach Problemlösungen zu aktivieren [Har+00]. Ideen der Teilnehmer werden zunächst unstrukturiert und kommentarlos entgegengenommen und gesammelt. Die Teilnehmer sollen durch die Beiträge der Anderen Anregungen erhalten und die Ideen weiterentwickeln [Ziel80]. Kommen neue Ideen nach einer gewissen Zeit zögerlicher, so ist es Aufgabe des Moderators, durch eine „unpassende" Idee den Findungsprozess auf eine höhere Stufe zu heben. Auf der einen Seite kommen durch diesen Impuls weitere, völlig unpassende Vorschläge, auf der anderen Seite gelingt es aber auch, an die hervorragenden Ideen zu gelangen.

Der Moderator hat eine neutrale Rolle. Seine Aufgabe ist es, das methodische Vorgehen zu bestimmen und gegebenenfalls das Wissen über die Methode vorher zu vermitteln. Zudem beinhaltet seine Rolle, Fragen zu stellen und darauf zu achten, dass alle Teilnehmer gleichmäßig, in dem Maße, wie sie zum Thema beitragen können, eingebunden werden. Gerade bei einer Teilnehmerzusammensetzung über mehrere Hierarchiestufen oder direkter Betroffenheit könnte Wissen bewusst zurückgehalten werden. Hierbei ist wichtig, dass der Moderator auf den Wissensstand, die Bedürfnisse und die Wertehaltung der Teilnehmer eingeht. Sehr negativ eingestellte Personen und dominante Personen sind eine Herausforderung, sollten aber nicht von vornherein ausgegrenzt werden. Das Brainstorming bietet ihnen ein Forum, sich zu äußern und so Widerstände abzubauen.

Der Prozess der Findung von Risiken ist kein rein analytischer, dennoch sollte er auch nicht als ein all zu kreativer verstanden werden. Aus diesem Grund sind gerade die Ergebnisse des Brainstormings zu überarbeiten und gegebenenfalls unbrauchbare Ideen auszusortieren. Brainstorming eignet sich zur Identifizierung von Risiken besonders durch den Informationsaustausch und die gegenseitige Anregung in der Gruppe.

4.2.2.3 Informationssammlung bei der Nominalen Gruppentechnik

Eine Variante des Brainstormings ist es, die Ideen schriftlich zu fixieren. Hier spricht man dann vom Brainwriting. Eine Form des Brainwriting ist die Nominale Gruppentechnik. Die Nominale Gruppentechnik ist ein strukturierter Prozess, der auf Individual- und Gruppeneffekten aufbaut, wobei jedoch die individuellen Aspekte dominieren.

Die Nominale Gruppentechnik basiert auf folgenden fünf Schritten [ESII02]:

1. stille Entwicklung,

2. Rundreichung,

3. Klärung,

4. Selektion und Priorisierung sowie

5. abschließende Selektion und Priorisierung.

In der Phase *stille Entwicklung* schreiben die Teilnehmer ihre Risiken schweigend auf. Danach teilt jedes Teammitglied seine niedergeschriebenen Risiken mit. Dies vollzieht sich rundenweise, pro Runde nennt jeder Teilnehmer ein Risiko. Dieses wird an einer Tafel angebracht. In der Klärungsphase diskutiert die Gruppe die vorgetragenen Risiken. Anschließend selektiert und priorisiert wiederum jeder für sich seine zehn wichtigsten Risiken. Der Moderator stellt dann die von der Gruppe erarbeiteten Ergebnisse in einer abschließenden Risikoliste zusammen.

Eine Vorgehensweise, die ermittelten Risiken schnell und effektiv zu sortieren, ist das Affinitätsdiagramm. Das Affinitätsdiagramm ist eine Metaplantechnik, um Risiken in Gruppen einzuordnen. Diese Technik erfolgt schweigend und macht das schnelle Sortieren eines großen Datenumfanges möglich. Die Teilnehmer ordnen hierbei die Risiken jeder für sich, aber zur gleichen Zeit an der Tafel. Ein Einigungsprozess wird durch Umhängen herbeigeführt. Beendet ist die Technik, wenn keiner der Teilnehmer mehr eine Karte umhängt. Da die Risikokategorien in jedem Projekt gleich benannt werden sollten (vgl. Abschnitt 4.2.3), bietet sich bereits an, diese Kategorien als erste grobe Strukturierung vorzugeben.

Die Brainwritingmethode Nominale Gruppentechnik ist zur Risikoidentifizierung in Projekten zur Implementierung integrierter betrieblicher Standardsoftware geeignet. Die schriftliche Niederlegung benötigt zwar mehr Zeit, dafür sind die ausformulierten Ideen i.d.R. besser durchdacht.

4.2.2.4 Vergleich der Risikolage bei der Analogiemethode

Die Grundidee bei der *Analogiemethode* ist, dass kein Projekt nur vollkommen neue Risiken hat [Gar+97]. Nach Abschluss eines Projektes ist eine große Menge an Wissen bei den Projektteilnehmern vorhanden, das für weitere Projekte hilfreich sein kann. Eine logische Konsequenz ist, die Erfahrungen aus Erfolgen, Fehlschlägen, Problemen und Lösungen von ähnlichen bestehenden oder vergangenen Projekten zu nutzen [Prit97]. Oft liegt dieses Wissen jedoch nicht schriftlich in einer Datenbank vor und ist von Dritten somit nicht mehr abrufbar.

Der erste Schritt bei der Analogiemethode ist, ein vergleichbares Projekt zu finden. Es stellt sich die Frage, ob ein derartiges Projekt bereits durchgeführt wurde und wenn ja, wie stark es vergleichbar ist [ESII02]. Die Beschreibungen der Projektcharakteristiken sind hierzu erforderlich, um gültige Beziehungen zwischen den Projekten herstellen zu können. Zum Vergleich können Projekte in logische Bereiche unterteilt werden, wobei sich bei Projekten zur Implementierung integrierter betrieblicher Standardsoftware folgende Kriterien eignen (vgl. Abschnitt 3.1):

- Projekttyp (Neueinführung, Releasewechsel, Template),
- Größenkategorie (klein, mittel, groß),
- Branche (Automotive, Healthcare,...),
- Umfang (national, international) und
- Bereich (CRM, SCM, PLM,...).

Die Projektdaten der gefundenen Projekte sind zu analysieren. Hierbei ist auf beiden Seiten derselbe Detaillierungsgrad erforderlich. Aufgrund der Auswertung ist von den Projektmitgliedern zu beurteilen, ob ein Risiko auch ein Risiko des aktuellen Projektes sein kann. Dementsprechend kann dann die Risikoliste aktualisiert werden.

Die Analogiemethode eignet sich als Ergänzung zu den anderen Methoden des Risikomanagements und kann als Absicherung, dass kein Risiko übersehen wurde, eingesetzt werden. Es ist jedoch zu berücksichtigen, dass Daten für neue Anwendungen möglicherweise nicht geeignet sind. Auch kann sich die Sammlung relevanter Daten möglicherweise schwierig gestalten.

4.2.2.5 Kontrolle der Risikolage mit Checklisten

Die Grundidee bei der Checkliste ist ebenso, dass kein Projekt ausschließlich neue Risiken beinhaltet. Checklisten sind Listen von Risiken, die in der Vergangenheit bei bestimmten Projektarten aufgetreten sind. Dreger [Dreg00] empfiehlt standardisierte (obligatorisch anzuwendende) Checklisten, aus denen die immer wiederkehrenden möglichen Fehler abgelesen werden können.

Eine Checkliste zur Risikoidentifizierung ist eine schnelle, aber auch oberflächliche Vorgehensweise, um Risiken zu identifizieren. Bequem ist die Vorgehensweise bei einer dualen Ausprägung mit Ja/Nein-Antworten. Checklisten stellen keine „Kreativitätstechnik" dar und können deshalb allenfalls als Orientierungshilfe bei und nach der Identifikation von Risiken herangezogen werden [Schn97]. Ihre alleinige Anwendung verhindert möglicherweise die Identifizierung neuer, einmalig auftretender Risiken. Checklisten eignen sich vor diesem Hintergrund am ehesten in der Angebotsphase eines Projektes.

Chapman und Ward [ChWa97] sprechen sich prinzipiell gegen Checklisten aus: „We explicitly advice against the use of highly structured techniques such as ... checklists to drive the identification of risks and response." Sie begründen diese Haltung unter anderem mit der fehlenden Berücksichtigung von Abhängigkeiten zwischen den Risiken, von Ursachen und individuellen Risiken.

Checklisten sind aufgrund ihrer starren Form weniger zur Risikoidentifizierung geeignet. Die Gefahr, die Risikochecklisten zudem enthalten, ist, dass sie schnell sehr umfangreich werden. Sie sollten deshalb zur übersichtlichen Darstellung anhand der Risikoklassen (vgl. Abschnitt 4.2.3) strukturiert werden. Um eine kontinuierliche Verbesserung der Checklisten zu erzielen, ist zudem ein Steuerungsprozess erforderlich.

4.2.3 Klassifizierung der Risiken in der Literatur und in Projekten zur Implementierung integrierter betrieblicher Standardsoftware

Eine Möglichkeit, Risiken zu gruppieren, ist die Klassifizierung. Jedes Risiko wird genau einer Risikoklasse zugeordnet. In der Literatur werden anstelle des Begriffs Risikoklasse auch Begriffe wie Risikokategorie, Risikoart oder Risikofaktor verwendet.

Für Softwareprojekte gibt es keine verbindliche Festlegung auf bestimmte Klassen. Morgan [Mor+00] befürwortet sogar, dass die Risiken projektindividuell kategorisiert werden. Eine Festlegung auf verbindliche Risikoklassen ist jedoch für den projektübergreifenden Vergleich von Softwareprojekten erforderlich (vgl. Abschnitt 4.8.2). Klassen sollten daher als erste grobe Struktur vorgegeben werden und nicht erst nach der Sammlung von Risiken individuell pro Projekt gebildet werden.

Vorschläge für eine Strukturierung von Risiken in Projekten fallen in der Literatur unterschiedlich aus. Die folgende Tabelle zeigt einige ausgewählte Vorschläge:

Analyse der Methoden

Norm	Schnorren-berg	ESI	Pritchard	RISKMAN	Widemann
[IEC01]	[Schn97]	[ESII02]	[Prit97]	[Cart95]	[Wide92]
Technisch	Technisch	Technik	Technisch	Strategisch	Geschäftsrisiko
Wirtschaftlich	Wirtschaftlich	Finanzen	Programmatisch	Betrieb	Versicherbares Risiko
Finanziell	Terminlich	Terminplanung	Unterstützbarkeit	Finanziell	Bekanntes Risiko
Rechtlich	Juristisch	Recht	Kosten	Produkt	Unbekanntes Risiko
Politisch	Politisch		Zeitplan	Vertrag	
Gesellschaftlich	Soziokulturell			Prozess	
Menschlich				Marketing	
Umwelt				Planung	
Zuverlässig				Externe Risiken	
Markt				Wartung	
				Definition	
				Organisation	

Tabelle 3 Risikoklassen in der Literatur im Vergleich

Bei der Unterteilung von Widemann [Wide92] spielen vier Komponenten, von denen jeweils zwei konträr sind, eine Rolle. Hierbei ist zu bedenken, dass die eindeutige Zuordnung von Risiken zu einer Klasse nicht immer gegeben ist; z. B. kann ein Geschäftsrisiko auch ein bekanntes oder unbekanntes Risiko sein. Ebenso lassen sich die vielen Kategorien von Carter [Cart95] und der internationalen Norm [IEC01] nicht so leicht abgrenzen.

Die Risikoklassen der meisten Autoren sind nicht ursachenorientiert, sondern zielen z. B. mit den terminlichen und finanziellen Risiken auf die Wirkungen ab, die Risiken ausüben können. Der Begriff *versichern* ist ebenso als eine Strategie der Risikobehandlung zu sehen (vgl. Abschnitt 4.4). Diese Unterteilung nimmt eine Behandlung der Risiken vorweg und sollte in der Identifizierungsphase nicht Thema sein. Es ist zu bedenken, dass zeitliche und terminliche Auswirkungen der Risiken sich auch substituieren können und daher eine eindeutige Zuordnung in dieser Phase nicht möglich ist.

Analog zu den in der Umfrage bestätigten Risikoklassen wird im Rahmen der vorliegenden Arbeit folgende ursachenbezogene Strukturierung für Softwarerisiken empfohlen (vgl. Abschnitt 3.2):

- Projekt,
- System/Technik,
- Ressourcen,
- Produkt und
- Change Management.

Unter *Projektrisiken* sind alle Risiken zu verstehen, die aus der Projektvorgehensweise resultieren. Es handelt sich um Risiken, die aus der Einführungsstrategie der Software resultieren oder der Projektorganisation und –kommunikation. Darunter fallen auch alle Risiken zum Projektmanagement. Juristische Risiken, wie zugesicherte Termine und Eigenschaften, werden ebenso unter der Risikoklasse *Projekt* zusammengefasst.

Die Risikoklasse *System/Technik* beinhaltet Risiken, welche sich auf neue technische Anforderungen beziehen. Technische Risiken können die Infrastruktur, die Basis und die Programmentwicklung betreffen. Sicherheit, Zuverlässigkeit, Performance und Systemverfügbarkeit sind hier einige Faktoren, die gefährdet sein könnten.

Ressourcenrisiken beziehen sich auf die für das Projekt erforderlichen Ressourcen. Dies können Kapazitätsengpässe in Urlaubszeiten oder fehlende Fachkenntnisse der Projektmitglieder sein. Daher ist sowohl die Verfügbarkeit als auch das Know-how der am Softwareeinführungsprojekt Beteiligten zu beachten. Bei internationalen Projekten, mit Personen unterschiedlicher Wertvorstellung und Kultur, haben zudem die soziokulturellen Risiken eine nicht zu vernachlässigende Bedeutung.

Bei *Produktrisiken* spielen alle Gefahren, die sich auf das Produkt beziehen, eine Rolle. Hierunter fallen die erforderlichen Schnittstellen ebenso wie Funktionalitäten. Dies bedeutet, dass alle Risiken, die sowohl auf der Neuartigkeit der eingesetzten Software, als auch auf deren Komplexität beruhen, sich unter Produktrisiken zusammenfassen lassen.

Risiken, die zur Klasse *Change Management* gehören, sind Risiken, die entstehen, wenn sich bestehende Prozesse ändern und neue Prozesse eingeführt werden. Dies können auch Risiken sein, die sich auf die Softwarelösung, mit der die Geschäftsprozesse abgebildet werden, beziehen. Hierbei geht es um Abläufe in der Softwareanwendung ebenso wie um Einstellungen im Customizing.

Es kann sinnvoll sein, nach der Klassifizierung pro Risikokategorie nach weiteren Risiken zu suchen, denn gerade nach dem Gruppieren können Ergänzungen und neue Ideen entstehen. Die anschließende Bewertung der Risiken erfolgt pro Risikoklasse. Die Risiken einer Klasse können durch die direkte Gegenüberstellung leichter einheitlich bewertet werden.

4.3 Methoden in der Risikomanagementphase Risiken quantifizieren

Der Rahmen des Risikos in Projekten zur Implementierung integrierter betrieblicher Standardsoftware bleibt i.d.R. auf finanzielle Verluste für das Unternehmen und den Lösungsanbieter begrenzt. Datenverarbeitungssysteme bewirken im gravierendsten Fall, dass man sein Geschäft nicht ausüben kann, aber es werden i.d.R. keine Systeme gesteuert, die bei einem Versagen Katastrophen mit menschlichen Verlusten auslösen können. Dennoch ist es wichtig, die Höhe der Risiken zu kennen, um ihnen mit angemessenen Maßnahmen zu begegnen zu können.

In diesem Abschnitt werden die verschiedenen Methoden der Risikobewertung in der Literatur aufgezeigt und die in der vorliegenden Arbeit neu berücksichtigte zeitliche Komponente beschrieben. Die Methoden der Risikoquantifizierung umfassen die Delphi-Methode zur anonymen Einzelbefragung, die Monte-Carlo-Simulation und PERT zur Ermittlung des Gesamtrisikos sowie PEA zur Ermittlung von Kennzahlen. Die Kosten für Risikomanagement werden abschließend in Bezug auf den Projektlebenszyklus betrachtet.

4.3.1 Risikobewertung inklusive Betrachtung der zeitlichen Komponente

Das heute vorherrschende Risikomaß ist der erwartete Verlust, d.h. die Höhe der möglichen Verluste und Schäden (Schadensausmaß), multipliziert mit der Wahrscheinlichkeit ihres Eintretens (Schadenswahrscheinlichkeit). Ein Risiko ist umso größer, je höher die Eintrittswahrscheinlichkeit und das Ausmaß des potenziellen Verlustes sind. Risiko kann somit als messbare Ungewissheit angesehen werden.

Zur Risikobewertung können Schadenskennzahlen, die sich pro Risiko aus dem Produkt von Schadenshöhe und Eintrittswahrscheinlichkeit zusammensetzen, herangezogen werden [Schn97]. Die Schadenskennzahl eines Projektes ist dann die Summe der einzelnen Schadenskennzahlen. Schadenskennzahlen sind für die drei Schadensarten Kosten, Termin und Qualität definierbar. Im Rahmen der vorliegenden Arbeit wird die Schadenshöhe bezogen auf die Kosten definiert, da Terminverschiebungen und Qualitätseinbußen sich auch in Kosten ausdrücken lassen und Kosten ein übergreifendes Vergleichskriterium darstellen. So stellt auch Carter [Cart95] heraus: „This means that everything will be returned into a cost in the end."

In der Bewertungsphase spielen individuelle bzw. kollektive Zielsetzungen und der Grad von Risikopräferenzen eine Rolle. Die Wahrnehmung von Risiken ist immer subjektiv. So gibt es risikoscheue und risikofreudige Persönlichkeiten. Die Bewertung ist daher unbedingt als Teamaufgabe zu sehen. Zu beachten ist zudem, dass Personen, die über Möglichkeiten spekulieren sollen, typischerweise in der Tendenz zu optimistisch sind [Wide92].

Risiken zu quantifizieren ist ein systematisches Vorgehen, bei dem pro festgestellten Risiko die Faktoren Eintrittswahrscheinlichkeit und Schadenshöhe bestimmt werden.

$$\text{Risikowert} = \text{Eintrittswahrscheinlichkeit} \times \text{Schadenshöhe} \quad (1)$$

Es hat sich in der Praxis bewährt, die Eintrittswahrscheinlichkeiten (Tabelle 4) und die Schadenshöhe (Tabelle 5) zunächst qualitativ zu bestimmen.

Level für Eintrittswahrscheinlichkeit		Wahrscheinlichkeit des Eintritts
1	1-20%	unwahrscheinlich
2	21-40%	möglich
3	41-60%	wahrscheinlich
4	61-80%	höchstwahrscheinlich
5	81-99%	nahezu sicher

Tabelle 4 Qualifizierung der Eintrittswahrscheinlichkeit von Risiken nach [SAP02b]

Level für Schadenshöhe	Schadensausmaß
1	sehr gering
2	gering
3	mittel
4	groß
5	sehr groß

Tabelle 5 Qualifizierung der Schadenshöhe von Risiken nach [SAP02b]

Analyse der Methoden 51

Die Zeit ist bei der Risikoquantifizierung ein nicht zu vernachlässigender Faktor. Sie ist jedoch bis heute in der Literatur nicht in einer Risikoformel integriert. Ein Grund hierfür mag sein, dass der Umgang mit Informationen über Zeitabläufe Menschen große Schwierigkeiten bereitet [Döne87]. Dennoch ist zu beachten, dass der Faktor Zeit die Risikowahrnehmung beeinflusst [ESII02]. Je näher der Zeitpunkt rückt, bei dem mit dem Eintritt des Risikos gerechnet wird, desto wichtiger wird das Risiko und desto dringender sind Maßnahmen einzuleiten. Das Risiko rückt auf der Liste der zu behandelnden Risiken nach oben. So stellt auch Carter heraus [Cart95]: „...not only on whether they happen, but on the order on which they happen and when."

Im Rahmen der vorliegenden Arbeit wird eine Formel für den Risikozeitwert vorgestellt. Die Dauer, die zur Verfügung steht, um Maßnahmen zu ergreifen, spielt hierbei eine entscheidende Rolle; sie wird als Risikoeintrittsdauer bezeichnet. Die Handlungsdauer ist dagegen die Dauer, die für das Ergreifen von Maßnahmen benötigt wird. Ist die Risikoeintrittsdauer größer als die Handlungsdauer, so ist die Handlungsdauer zur Ermittlung des Risikozeitwertes heranzuziehen und im anderen Fall die Risikoeintrittsdauer. Pro Risiko sind hierzu neben dem Risikowert der erwartete Risikoeintrittszeitpunkt und die erwartete Handlungsdauer zu bestimmen (Bild 21). In der Formel für den Risikozeitwert wird dann der Risikowert durch die Handlungsdauer bzw. Risikoeintrittsdauer dividiert.

Wenn Risikoeintrittsdauer > Handlungsdauer:

Risikozeitwert = Eintrittswahrscheinlichkeit x Schadenshöhe / Handlungsdauer   (2)

Wenn Risikoeintrittsdauer <= Handlungsdauer:

Risikozeitwert = Eintrittswahrscheinlichkeit x Schadenshöhe / Risikoeintrittsdauer(3)

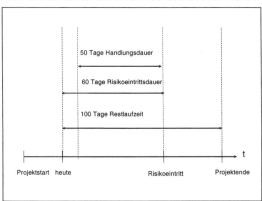

Bild 21 Darstellung der zeitlichen Komponenten in Projekten anhand eines Beispiels

Die Faktoren Handlungsdauer und Risikoeintrittsdauer sind in der Praxis selten quantitativ exakt zu bestimmen, daher erscheint es sinnvoll, diese Größe ebenso wie das Schadensausmaß zunächst qualitativ zu bestimmen (Tabelle 6).

Level für Dauer	Bewertung der Dauer
1	sehr gering
2	gering
3	mittel
4	groß
5	sehr groß

Tabelle 6 Übersicht über die Qualifizierung der Dauer zur Bewertung der Risikolage

Ermittlung des Risikozeitwerts am Beispiel des Risikos Migration läuft fehlerhaft:
Risikoeintrittsdauer: RD
Handlungsdauer: HD
Eintrittswahrscheinlichkeit: 4
Schadenshöhe: 4

Alternative	Risikoeintritt	HD	heute	RD	Bewertung der Dauer	Risiko
RD > HD	Produktivstarttermin am 30.06	3 Monate	30.01	6 Monate	4	R = 4x4/4 = 4
RD < HD	Produktivstarttermin am 30.06	3 Monate	30.05	1 Monat	2	R = 4x4/2 = 8

Tabelle 7 Ermittlung des Risikozeitwerts anhand eines Beispiels

4.3.2 Methoden zur Quantifizierung der Risiken

In den nächsten Abschnitten werden zur Risikobewertung die Delphi-Methode, die Monte-Carlo-Simulation, die Program Evaluation and Review Technique (PERT) sowie die Probabilistic-Event-Analyse (PEA) vorgestellt. Abschließend wird die Risikobewertung bei der Ermittlung der Kosten des Projektlebenszyklus integriert.

4.3.2.1 Delphi-Methode zur Ermittlung einer breiten Expertenmeinung

Die Delphi-Methode ist ein Verfahren, bei dem eine anonyme Einzelbefragung von Experten zur Planung und Einschätzung zukünftiger Entwicklungen vorgenommen wird [Fran93]. Ziel ist es, eine möglichst breite Expertenmeinung einzuholen, ohne die Nachteile einer Gruppendiskussion in Kauf zu nehmen.

Mit Hilfe von Befragungsformularen werden getrennt in mehreren Runden die Einschätzungen der Experten erfragt. Die zusammengefassten Antworten werden vor jeder neuen Runde den Experten zur erneuten Meinungsbildung und Stellungnahme bekannt gegeben. Durch diese Rückkopplung ergibt sich häufig eine Annäherung der Schätzungen; es ist aber auch eine Polarisierung möglich.

Als Befragungsart stehen für die Schadenshöhe Punktschätzung oder Intervallschätzung und für die Eintrittswahrscheinlichkeit Einzelschätzung oder Mehrfachschätzung zur Auswahl [Schn97]. So werden z. B. bei der Mehrfachintervallschätzung von jedem Experten mehrere Schätzungen pro Schadensintervall abgegeben. Aufgrund des hohen Aufwands sind nur die gravierendsten Risiken mit der Delphi-Methode in mehreren Runden zu quantifizieren und von Intervallschätzungen ganz abzusehen. So stellt auch Pritchard [Prit97] heraus: „Preliminary quantification is intended to begin ranging risks for further evaluation. Heavy mathematical treatment is *not* desired at this point."

Ursprünglich ist bei der Delphi-Methode eine individuelle, schriftliche Befragung vorgesehen. Selbst Schnorrenberg [Schn97], der eine sehr detaillierte Beschreibung der Delphi-Methode vornimmt, geht in seinem Praxisbeispiel nicht mehr streng methodisch vor, sondern lässt die Delphi-Methode aus Kapazitätsgründen in Gruppenarbeit durchführen. Diese Vorgehensweise ist auch bei Projekten zur Implementierung integrierter betrieblicher Standardsoftware zu empfehlen, zumal die Vorteile der Delphi-Methode, nämlich eine intensive Auseinandersetzung durch die Konfrontation mit den verschiedenen Einschätzungen, durch die Gruppenarbeit nicht verloren gehen.

4.3.2.2 Monte-Carlo-Simulation zur Ermittlung des Gesamtrisikos

Eine in der Literatur immer wieder behandelte Methode der Risikobewertung ist die Monte-Carlo-Simulation, die auf den Überlegungen von Hertz [Hert64] beruht. Grundidee ist, dass ein Risiko sich aus mehreren Einzelrisiken zusammensetzen kann. Das Gesamtrisiko ist aber nicht automatisch die Summe der Einzelrisiken, sondern hängt von der zufallsabhängigen Kombinationen ihres Eintretens ab. Mittels Simulation werden die verschiedenen Kombinationen der möglichen eintretenden Wahrscheinlichkeiten durchgespielt. Da bei Softwareprojekten i.d.R. keine empirischen Auswertungen zur Verfügung stehen, werden Zufallszahlen durch Simulationsläufe künstlich erzeugt.

Das Ergebnis einer Monte-Carlo-Simulation kann ein Histogramm sein, das zu verschiedenen Schadensklassen die Wahrscheinlichkeit in Prozent angibt (Bild 23). Es stellt dar, in welcher Bandbreite sich der Schaden des Gesamtrisikos mit welcher Wahrscheinlichkeit bewegen kann.

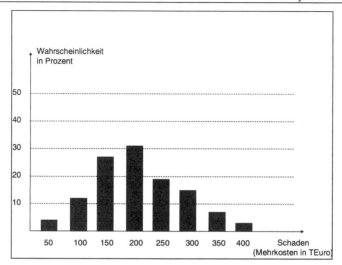

Bild 22 Histogramm für Simulationsläufe der Monte-Carlo-Simulation

ESI International [ESII02] empfiehlt die Monte-Carlo-Simulation für große oder komplexe Projekte, die mit Hilfe der Netzplantechnik geplant werden. Zur Projektanalyse werden Wahrscheinlichkeitsverteilungen für Dauer und Kosten pro Vorgang ermittelt, um alle möglichen Projektergebnisse zu bestimmen. Zur Durchführung der Simulation ist der Einsatz eines Softwareprogramms erforderlich. Idealerweise bietet dies die Software, mit deren Hilfe auch der Netzplan erstellt wird (vgl. Abschnitt 5.1). Das Softwareprogramm führt dann aufgrund der Informationen über Schadenshöhen und Wahrscheinlichkeiten mehrfach stichprobenartige Simulationen durch.

Die Analyse ermöglicht, die gegenseitigen Abhängigkeiten der Pfadkonvergenz zu erkennen. Vorteil dieser Methode ist, dass die Meinungen von Experten nicht zusammengefasst werden müssen, sondern einzeln berücksichtigt werden können. Gleason [Glea01] stellt zwar den dynamischen Ansatz der Monte-Carlo-Simulation positiv heraus, gibt aber zu bedenken, dass es sich nur schwer zurückverfolgen lässt, wie die Ergebnisse ermittelt wurden.

Chapman und Ward [ChWa97] betonen, dass das Endergebnis als eine Kennzahl nicht ausreichend sein kann. Die Bedeutung der Interdependenzen individueller Ursachen von Risiken ist nicht zu vernachlässigen. Auch ist zu beachten, dass das Ergebnis der Simulation auch nicht besser sein kann als die Qualität der bei der Befragung erhobenen Schätzungen. Das Dilemma der Simulation ist, dass die Treffsicherheit und Glaubwürdigkeit der Expertenangaben jedoch nicht nachweisbar ist und so mit den konkreten Zahlen der Simulationsergebnisse immer eine Pseudogenauigkeit angegeben wird.

Die Monte-Carlo-Simulation kann zwar in bestimmten Projektphasen hilfreich sein, aber sie ist zeit- und kostenaufwendig [PaNe02]. Zudem wird der Einsatz der Methode in Projekten, die mit Netzplantechnik geplant werden, empfohlen. Laut Umfrage setzen jedoch nur 30 Prozent der Befragten Netzplantechnik in Softwareprojekten ein (vgl. Abschnitt 3.2). Daher sind geringe Ansatzpunkte gegeben, die Simulation in Softwareprojekten anzuwenden.

4.3.2.3 Program Evaluation and Review Technique (PERT) zur Ermittlung des Gesamtrisikos

Die Program Evaluation and Review Technique (PERT)[3] ist eine der wichtigsten statistischen Methoden zur Risikobewertung. PERT ist ein ganzheitlicher, auf Netzplantechnik beruhender Ansatz. Die Bewertung der Risikolage erfolgt nicht in Bezug auf einzelne Risiken, sondern bezieht sich auf das gesamte Projekt [Gido85].

Voraussetzung für PERT ist, dass ein Netzplan mit Vorgängen und eine Schätzung ihrer Dauer vorhanden ist. In der Regel reicht es aus, den kritischen Pfad zu betrachten. Es ist allerdings zu beachten, dass sich der kritische Pfad im Laufe des Projektes ändern kann.

Die Dauer der einzelnen Vorgänge basiert auf drei Schätzwerten: der optimistischen, der wahrscheinlichen und der pessimistischen Dauer. Es wird die mittlere Dauer als gewogener Durchschnitt dieser drei Zeitschätzungen pro Vorgang ermittelt, wobei die wahrscheinliche Dauer das größte Gewicht erhält. Über die Varianz der Zeiten lassen sich Aussagen über die Genauigkeit der Schätzungen ableiten. Die Fläche unter der Kurve bleibt stets gleich und eine hohe Varianz führt so zu einer flachen Kurve (Bild 24). Je steiler die Kurve wird, desto niedriger ist die Varianz und umso sicherer ist die Schätzung.

Berechnung der mittleren Dauer nach PERT:

$$MD = \frac{OD + 4WD + PD}{6} \qquad (4)$$

Berechnung der Varianz nach PERT:

$$\sigma^2 = \frac{(PD - OD)^2}{36} \qquad (5)$$

mit MD - mittlere Dauer
 OD - optimistische Dauer,

---

[3] Ende der 50er Jahre im Polaris U-Boot Programm entwickelt

WD - wahrscheinlichste Dauer,
PD - pessimistische Dauer und
σ - Varianz.

Für jeden einzelnen Vorgang kann so gesondert die Risikosituation angegeben werden. Mit dieser Methode wird das Risikomanagement direkt in die Projektplanung integriert.

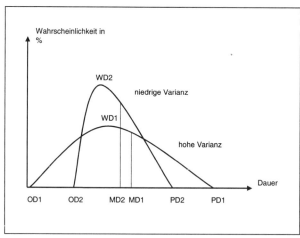

Bild 23 Darstellung der Beta-Verteilung eines Vorgangs bei PERT

Die Wahrscheinlichkeit der gesamten Projektdauer wird bei PERT durch Addition der mittleren Dauer des kritischen Pfades bestimmt. Die Flächen unter der Kurve geben die Risikolagen und die Sicherheit ihrer Einschätzung wieder (Bild 23). Das Ergebnis sind Aussagen folgender Art: „Das Projekt wird mit einer Wahrscheinlichkeit von x Prozent innerhalb von y Tagen beendet sein."

Analyse der Methoden

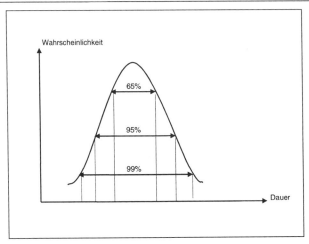

Bild 24 Darstellung der Normalverteilung des Projektes bei PERT

PERT zwingt zur ausführlichen Projektplanung, da Netzpläne Voraussetzung sind, um diese Methode anzuwenden. Daher treffen auch dieselben Kritikpunkte wie bei der Monte-Carlo-Simulation zu (vgl. Abschnitt 4.3.2.2). Die Angaben von drei Dauern ist zudem sehr aufwendig und wird in der Praxis bei Softwareprojekten in diesem Detaillierungsgrad kaum vorgenommen.

PERT stellt keinen direkten Bezug zu Risiken her, es werden höchstens Rückschlüsse ermöglicht, welche Netzplanvorgänge besonders hohen Risiken unterliegen. Es wird zwar ermittelt, welcher Vorgang riskant ist, aber nicht worin das Risiko besteht. Nur die Unsicherheiten in den Dauern der Aktivitäten zu kalkulieren, mag nicht zum Erfolg führen [Wide92].

4.3.2.4 Probabilistic-Event-Analyse (PEA) zur Ermittlung von Kennzahlen

Die Probabilistic-Event-Analyse (PEA) wurde von der NASA entwickelt, um den Schaden, den die Risiken eines Projektes hinsichtlich Kosten und Zeit verursachen können, zu ermitteln. Mit PEA können sowohl kalkulatorische Rücklagen (vgl. Abschnitt 4.3.6) für die Risikovorsorge gebildet werden als auch mögliche zeitliche Verschiebungen frühzeitig erkannt werden [Fürn90].

Anhand von Kennzahlen für die Wahrscheinlichkeit von Kosten- und Terminabweichungen lassen sich deren Abweichungen in Bezug auf das gesamte Projekt ablesen. Grundlage für die Ermittlung ist der Projektstrukturplan für Kostenabweichungen und der Netzplan für Kosten- und Terminabweichungen. Da im Rahmen des Risikomanagements für Softwareprojekte nicht von einem Netzplan als Grundlage ausgegangen werden kann (vgl. Abschnitt 3.2), wird die PEA in der vorliegenden Arbeit lediglich zu Kostenbetrachtung herangezogen.

Entweder werden alle gesammelten Risiken den Projektelementen zugeordnet oder auf Grundlage der Projektelemente Risiken genannt. Ergebnis ist in jedem Fall eine eindeutige Zuordnung aller Risiken zu den Projektelementen. Im zweiten Schritt wird nun ermittelt, ob ein Risiko nicht nur Auswirkungen auf das ihm direkt zugeordnete Element (A-Auswirkung), sondern auch Auswirkungen auf andere Elemente (B-Auswirkung) hat. In der Bewertungsphase sind die Risiken mit Eintrittswahrscheinlichkeit und Schadenshöhe sowohl für die A-Auswirkungen als auch für die B-Auswirkungen zu bestimmen. Da eine B-Auswirkung nur eintreten kann, wenn die A-Auswirkung eingetreten ist, handelt es sich hier statistisch um eine bedingte Wahrscheinlichkeit.

Die Kostenkennzahl des Projektes gibt die wahrscheinlichen, durch Risiken bedingten zusätzlichen Kosten für das Projekt an [Schn97]. Sie ergibt sich aus den einzelnen Kostenverschiebungen multipliziert mit ihrer jeweiligen Eintrittswahrscheinlichkeit:

Kostenkennzahl = $\sum$ Kosten Risiko A * P(A) + Kosten Risiko B * P(B) (6)

mit P(B) = P(A) x P(B|A).

Durch den Bezug der Risiken zu Projektelementen können die Arbeitspakete, die den Produktivstart gefährden und zu einer deutlichen Erhöhung der Kosten beitragen können, einfach herausgestellt werden. Durch die zusätzliche Betrachtung der B-Auswirkungen können die Risiken, die große Auswirkungen auf andere Elemente haben und so neue Risiken bilden, leicht ermittelt werden. Die Ermittlung der Abhängigkeiten der Risiken kann sich in der Praxis als nicht immer ganz einfach herausstellen. Allerdings ist die Methode PEA auch mit Risiken mit nur A-Auswirkungen anwendbar.

Die PEA ist für relativ grobe Einschätzungen einsetzbar. Detaillierte Angaben kann PEA nicht liefern, da die Risiken nur pauschal berücksichtigt werden. Zur Quantifizierung der Risiken in Softwareprojekten bietet sich PEA aufgrund der erforderlichen Netzpläne für Terminabweichungen nicht an.

4.3.2.5 Berücksichtigung der Risikomanagementkosten im Projektlebenszyklus

Ziel eines jeden Softwareprojektes ist es, die Total Cost of Ownership (TCO) zu begrenzen. Unter TCO eines Informationssystems können alle Kosten, die den Besitz und die Benutzung eines Informationssystems während seines Lebenszyklus umfassen, definiert werden [MaBe02]. Dies berücksichtigt neben den IT-Ausgaben auch die einmaligen Investitionen. Die TCO können, auf den Benutzer heruntergebrochen, ein Benchmarking bieten.

Die Kosten und Leistungen während des gesamten Lebenszyklus, vom Konzept bis hin zur Wartung eines Softwareprojektes, sind zu berücksichtigen. Hierbei ist entscheidend, dass Budgeterhöhungen spätere Kosten sparen können. So werden Entscheidungen gerade bei der Planung von Maßnahmen anders getroffen, als wenn nur der Zeithorizont bis zum Projektende betrachtet wird. Bei der Kostenplanung in Softwareprojekten ist der zeitliche Verzug von Technischen Punkten gegenüber den Funktionalen Anforderungen zu berücksichtigen (Bild 25). Ziel ist es nicht nur, diese Kosten zum Ende des Projektlebenszyklus durch Maßnahmen zu senken, sondern zeitlich auch nach vorne zu schieben und so die TCO zu senken. Es ist jedoch nicht zu vernachlässigen, dass die Liquidität des Unternehmens als Grundvoraussetzung gegeben sein muss.

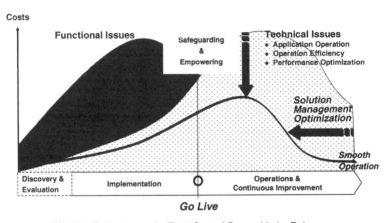

Bild 25 Reduzierung der Total Cost of Ownership im Rahmen des Projektlebenszyklus nach [SAP02c]

Durch eine genaue Aufwandsschätzung sind geringere Sicherheitszuschläge erforderlich und die geplanten TCO verringern sich (vgl. Abschnitt 4.5.5). So stellt auch Carter [Car+95] heraus: „It has been shown that by using risk management techniques, improvements can be obtained in cost estimates and the likelihood of overpricing is reduced ... This increases the likelihood of winning bids."

Die Plankosten des Projektlebenszyklus können in die Summe der Plankosten für die Durchführung des Projektes auf der einen Seite und den Plankosten für die Projektrisiken auf der anderen Seite detailliert werden (Bild 26). Die Plankosten für die Durchführung des Projektes setzten sich wiederum aus den Plankosten für das Projekt selbst und aus den Plankosten für die Risikomaßnahmen zusammen. Hierbei gehören die Plankosten zur Durchführung des Risikomanagements, also z.B. die Stunden des Risikomanagers, der Workshops oder Expertenbefragungen zu den Plankosten der Projektdurchführung.

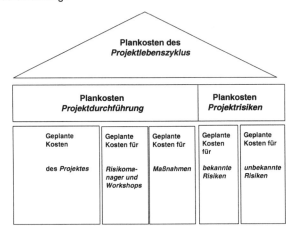

Bild 26 Risikomanagement als Teil der Plankosten des Projektlebenszyklus

Es handelt sich bei den Plankosten für Projektrisiken um die geschätzten Kosten, die entstehen können, wenn Risiken eintreten und finanziell wirksam werden. Die Plankosten für Projektrisiken setzen sich aus den Plankosten für unbekannte und bekannte Risiken zusammen. Für bekannte Risiken sind gesonderte Rückstellungen zu bilden um zukünftige, nur teilweise vorausplanbare Situationen abzusichern. Unbekannte Risiken beziehen sich auf zukünftige, unvorhersehbare Ereignisse, die z.b. durch Änderungen der Anforderungen entstehen können. Die Höhe der auf Grundlage der Planung zu bildenden Rücklagen hängt davon ab, wie sicherheitsbewusst eine Firma ist. Diese Rücklagen liegen i.d.R. zwischen 2 Prozent und 5 Prozent, je nach Projektgröße, Position im Projektzyklus und Projektkomplexität [ESII02]. Dieser Prozentsatz wird aufgrund von historischen Daten und Varianzen gebildet, wobei die Quantifizierung von Rücklagen für unbekannte Risiken sich i.d.R. nach den unternehmensinternen Planungsstandards richtet.

Risiken, die eine sehr geringe Eintrittswahrscheinlichkeit, aber eine sehr große Schadenshöhe haben, sind gesondert zu betrachten. Rücklagen sind für diese Risiken nur projektübergreifend als Managementrücklagen sinnvoll. Die Kosten für Managementrücklagen stehen außerhalb der Projektplankosten, da sie das Bild sonst verfälschen würden. Diese Risiken können betriebsgefährdend sein und erfordern eher ein Krisenmanagement als ein Risikomanagement.

Die Ermittlung der nötigen Risikorücklagen beruhen auf Schätzverfahren, wobei die gewonnenen Erfahrungswerte bei zukünftigen Projekten zu nutzen sind [Prit97]. Der Umgang mit diesen Schätzungen spiegelt wider, wie mit der Verantwortung im Unternehmen umgegangen wird. Ist eine offene Darstellung möglich oder bestehen Zwänge, welche die Personen dazu veranlassen, im Projektplan bereits Reserven zu bilden, anstatt sie offen in den Rücklagen auszuweisen. Der Grad der Risikotoleranz und die Konsequenzen von Kostenüberschreitungen haben einen Einfluss auf die Höhe der Rücklagen.

4.4 Methoden in der Risikomanagementphase Risiken priorisieren

Die Phase *Risiken priorisieren* ist die Übergangsphase von der Identifizierung zur Behandlung. Nach der Identifizierung und Bewertung ist zur effektiven Behandlung der Risiken festzustellen, welche Risiken die höchste Priorität haben. Boehm stellt heraus [Boeh91]: „It shows that typically 80 percent of the cost to fix software problems is spent on the highest-risk 20 percent of the problem." Hieraus schließt er, dass alle Bemühungen beim Risikomanagement in Softwareprojekten darauf abzielen sollten, diese höchsten 20 Prozent zu finden und zu begrenzen.

In diesem Abschnitt werden zur Priorisierung der Risiken das Risikoportfolio und die Equi-Risk-Contour-Methode vorgestellt. Weitere Methoden sind die Filtering-Methode und die Komparative Risikorangfolge. Die Wirkungsanalyse berücksichtigt die gegenseitigen Einflussnahmen und Abhängigkeiten der Risiken.

4.4.1 Grafische Darstellung der Priorisierung mit Risikoportfolio und Equi-Risk-Contour-Methode

Das Risikoportfolio ist eine grafische Ermittlung der Prioritäten, bei dem die Schadenshöhe und Eintrittswahrscheinlichkeit die Grundlagen bilden, wobei auf die Bewertungsphase Bezug genommen wird (Bild 27). Die internationale Norm zum Projektmanagement [IEC01] arbeitet in ihrem Risikoportfolio im Gegensatz zu Bild 27 nur mit neun Feldern und so befinden sich auf beiden Achsen lediglich die Kategorien *Low, Medium und High*. In der Literatur sind nicht immer die Titel der Risiken im Risikoportfolio mit aufgeführt. Dies ist jedoch erforderlich, damit erkennbar wird, um welches Risiko es sich handelt.

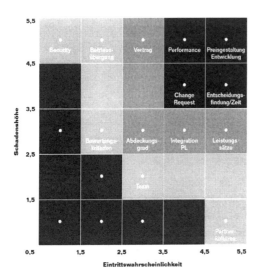

Die farbliche Darstellung der verschiedenen Risikozonen gibt einen Überblick über die Risikolage des Projekts.

Bild 27 Risikoportfolio zur Visualisierung der Risikobewertung nach [SAP03]

Das Risikoportfolio für Softwareprojekte unterscheidet in seiner Darstellung farblich vier Risikozonen (Tabelle 8). Abhängig, in welcher Risikozone sich ein Risiko befindet, sind folgende Aktionen zu starten:

Zone	Farbe	Aktionen
Hot Spot	Rot (schwarz)	• Maßnahmen definieren und bewerten • Überwachung im Lenkungsausschuss und im Statusmeeting • Rückfallplan erarbeiten
Zone A	Orange (dunkel grau)	• Maßnahmen definieren • Maßnahmen bezüglich Risikominderung und Umsetzungszeitpunkt bewerten • Überwachung im Statusmeeting und im Teamkreis
Zone B	Gelb (hell grau)	• Maßnahmen definieren • Überwachung auf Teamebene
Zone C	grün (weiß)	• Keine Korrekturmaßnahmen erforderlich

Tabelle 8 Durchzuführende Aktionen in Abhängigkeit der Risikozonen nach [SAP02a]

Analyse der Methoden 63

Die *Equi-Risk-Contour-Methode (ERCM)* ist eine Methode, die Risiken über Kostenkennzahlen klassifiziert. Hierbei wird vorgeschlagen, die Expertenmeinungen nicht kumuliert zu berücksichtigen, sondern explizit darzustellen [Fürn90]. So bedeutet ein Punkt im Risikoportfolio, dass sich die Experten über Schadenshöhe und Eintrittswahrscheinlichkeit einig sind, ein waagerechter Strich bedeutet eine Streubreite bezüglich Wahrscheinlichkeit und ein senkrechter Strich eine Streubreite bezüglich Schadenshöhe. Bei Abweichungen in beiden Dimensionen durch ein Rechteck dargestellt.

Das Risikoportfolio und die ERCM haben ihre Vorteile in der Visualisierung, welche einen leichten Zugang zu der Priorität der Risiken bietet. Was allerdings nicht dargestellt wird, ist das Gesamtrisiko und die Abhängigkeiten zwischen den Risiken.

4.4.2 Selektive Auslese der Risiken bei der Filtering-Methode

Die Filtering-Methode ist eine Frage-Antwort-Methode, mit der die wichtigen Risiken herausgefiltert werden können [ESI02]. Hierzu sind folgende Fragen der Reihe nach zu beantworten (Bild 28). Die Risiken, die bei jedem Filter mit *Ja* beantwortet wurden, sind dann bevorzugt zu behandeln.

1. Filter 1: *Signifikante Auswirkung*
   Wird ein Kunde diese Auswirkung an der Leistung, Funktion oder Qualität sehen?
2. Filter 2: *Tritt wahrscheinlich ein*
   Haben Sie dies schon erlebt?
   Liegen Bedingungen vor, die dieses Risiko wahrscheinlicher machen?
3. Filter 3: *Kurzfristiger Zeitplan*
   Wird das Projekt bald davon betroffen sein?
   Ist für dieses Risiko eine langfristig zu erarbeitende Lösung erforderlich?
   Müssen wir bald handeln?
4. Filter 4: *Vom Projektmanagement steuerbar*
   Ist für dieses Risiko eine fachliche Lösung erforderlich?
   Muss das Management sich mit diesem Risiko befassen?

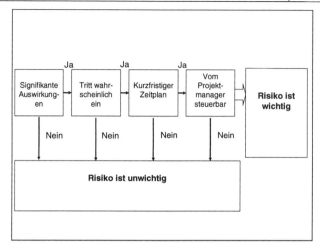

Bild 28 Risikofilter zur Priorisierung von Risiken

Im Gegensatz zur Portfolio-Methode ist bei der Filtering-Methode keine Bewertung als Grundlage erforderlich. Sie ist daher auf der einen Seite zwar einfacher anzuwenden, auf der anderen Seite ist sie jedoch nicht besonders aussagekräftig.

4.4.3 Priorisierung der Risken durch den paarweisen Vergleich bei der Komparative Risikorangfolge

Da jede Bewertung nur eine scheinbare Genauigkeit vorgibt, ist es wichtig, die Ergebnisse zu verifizieren. Eine Möglichkeit hierzu bietet die Komparative Risikorangfolge (CRR-Methode) [PMI00]. Die CRR-Methode ist eine Vergleichsmethode, mit der eine zuverlässige Prioritätsliste für die Risiken erstellt wird (Bild 29).

In einem Team von 4 bis 6 Mitgliedern bestimmt jeder einzeln für jedes Risikopaar das signifikante Risiko. Das Risiko mit den meisten Stimmen wird dann eingekreist und die Häufigkeit, mit der jedes Risiko gewählt wurde, festgehalten. Um aufgrund der Rundungen knappe Ergebnisse zu vermeiden, ist es zu empfehlen, zunächst jeden Teilnehmer einzeln ein Blatt ausfüllen zu lassen und die Ergebnisse dann zusammenzufassen. Die Anzahl der Nennungen pro Risiko bildet die Grundlage für die Sortierung der Risikoliste.

Analyse der Methoden 65

	Risiko A	Risiko A			
Risiko B		B	Risiko B		
Risiko C		A	B	Risiko C	
Risiko D		A	D	C	Risiko D

Bild 29 Priorisierung der Risiken durch wechselseitigen Vergleich mit der CCR-Methode

Die Komparative Risikorangfolge ist nicht alternativ zur Filtermethode zu sehen, sondern kann gut im Anschluss nach der Filtermethode oder zum Risikoportfolio für die entscheidenden Risiken eingesetzt werden.

4.4.4 Berücksichtigung der Einflussnahmen bei der Wirkungsanalyse

Die Wirkungsanalyse berücksichtigt die gegenseitigen Einflussnahmen und Abhängigkeiten der Risiken. Als Instrumente der Wirkungsanalyse können Wirkungsnetz oder Wirkungsmatrix dienen [Habe94]. Im Wirkungsnetz werden Einflussnahme der Risiken auf andere Risiken mit Pfeilen in einem Netz grafisch dargestellt. Die Kennzahlen können gebildet werden, indem man die Abhängigkeiten bewertet.

In dem Beispiel in Bild 30 sind fünf Risiken in einem Wirkungsnetz dargestellt. Die Pfeile im Netz stellen die Abhängigkeiten dar, wobei es Fälle mit gegenseitiger Abhängigkeit und Fälle mit einseitiger Einflussnahme gibt. So ist z. B. R4 von R1 abhängig, nicht aber umgekehrt.

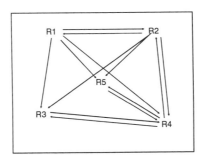

Bild 30 Berücksichtigung der Gegenseitigen Abhängigkeiten der Risiken im Wirkungsnetz nach [Schn97]

Ein Pfeil bedeutet nicht zwingend, dass ein Risiko nur dann eintritt, wenn das einflussnehmende Risiko ebenfalls eintritt. So sind die Doppelpfeile mit den gegenseitigen Abhängigkeiten auch zu erklären, die bei einer rein bedingten Wahrscheinlichkeit nicht möglich wären. Auch kann die Abhängigkeit bei zwei Pfeilen in eine Richtung größer sein als in die andere Richtung.

Die Stärke der Beziehung kann mit Punkten bewertet werden. Auf diese Weise wird verdeutlicht, welche Risiken besonders stark zusammenhängen. Für das Risikomanagement in Projekten zur Implementierung integrierter betrieblicher Standardsoftware ist allerdings von einer allzu formalistischen Vorgehensweise abzuraten. Um die Zusammenhänge des Projektes zu verstehen, ist auch die grafische Darstellung im Wirkungsnetz aussagekräftiger als Zahlen. Eine unterschiedliche Dicke der Pfeile kann so auch die Stärke der Einflussnahme darstellen.

4.5 Methoden der Risikomanagementphase Maßnahmen planen

In der Phase Maßnahmen planen ist die Ermittlung möglicher Maßnahmen ein ähnlicher Prozess wie die Identifizierung von Risiken. Deshalb sind hier auch Kreativitätstechniken und teamorientierte, visuelle Ansätze gefragt.

Bei der Planung von Maßnahmen handelt es sich oft um eine komplexe Entscheidungssituation, bei der Denkfehler ein angemessenes Reagieren verhindern können [GoPr87]. Auch wenn sich Tabelle 9 auf Probleme bezieht, können diese Denkfehler ebenso auf Risiken übertragen werden, da hierbei der Unterschied, dass ein Risiko zukunftsorientiert und nur möglich ist, nicht relevant ist (vgl. Abschnitt 2.1.2).

Denkfehler	Richtigstellung
Die Kenntnis des Ist-Zustandes eines Problems reicht für die Lösungssuche aus.	Die Problementwicklung und der Prozess im Zeitablauf sind zu berücksichtigen.
Das künftige Verhalten von Menschen mit vielen Informationen ist sicher prognostizierbar.	Es können lediglich verschiedene Zukunftsszenarien auf der Grundlage unterschiedlicher Annahmen entwickelt werden.
Jede Problemsituation ist mit den nötigen Mitteln beherrschbar.	Mit immer mangelhaften Informationen und nicht beeinflussbaren Rahmenbedingungen können sie bestenfalls beeinflusst werden.
Mit der Einführung der Lösung kann das Problem als erledigt betrachtet werden.	Mit der Einführung zeigt sich erst, ob die Lösung wirkt.

Tabelle 9 Denkfehler in komplexen Entscheidungssituationen nach [GoPr87]

Analyse der Methoden 67

In den folgenden Abschnitten werden mit den Risikostrategien mögliche Handlungsalternativen vorgegeben. Das Ishikawa–Diagramm zur ursachenbezogenen Ableitung von Maßnahmen ist ein konkretes Hilfsmittel zu Identifikation von Maßnahmen. Das Entscheidungsbaum-Verfahren kann genutzt werden, wenn verschiedene Entscheidungsalternativen existieren. Wissensbasierte Systeme bieten Informationen an, die für das Management notwendig sind, um Entscheidungen unter Unsicherheit zu treffen. Ebenso wird die Möglichkeit der Optimierung der Maßnahmen durch Integration in die Projektplanung beschrieben.

4.5.1 Strukturierung der Maßnahmen nach Risikostrategien

Bei der Planung von Maßnahmen sind geeignete risikopolitische Instrumente auszuwählen, um die Eintrittswahrscheinlichkeit von Risiken zu senken und/oder die Auswirkungen von Schäden zu begrenzen. Hierzu kann zwischen den Risikostrategien Vermeiden, Akzeptieren, Übertragen, Versichern, Reduzieren gewählt werden (Bild 31). Es ist aber auch möglich, für jede Risikostrategie einen Ansatzes zu entwickeln.

Risikostrategien sind im Hinblick auf ihre Kosten und Leistungsfähigkeit, die Übereinstimmung mit den Projektzielen und die Fähigkeit der Teammitglieder zur Umsetzung der Strategie zu prüfen. Zudem sind sie in einem separaten Schritt hinsichtlich ihrer Auswirkungen auf andere Risiken zu beurteilen. Bei mehreren geplanten Strategien ist wiederum eine Rangfolge festzulegen.

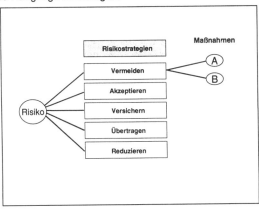

Bild 31 Risikostrategien zur Planung von Maßnahmen

Bei der Strategie *Vermeiden* ist das Risikopotenzial nicht akzeptabel. Die Ursache des Risikos soll vermieden und die Gefahr damit ausgeschaltet werden. Es ist also ein alternativer Ansatz zu wählen. Diese Sicherheit ist, wenn nicht gar unmöglich, i.d.R. nur mit einem hohen Aufwand zu realisieren. Deshalb wird die Vermeidung unter den Kosten/Nutzen-Gesichtspunkten nur sehr selten gewählt. Zudem darf nicht vernachlässigt werden, dass Sekundärrisiken, also Risiken, die zuvor nicht bestanden und durch die Maßnahme hervorgerufen werden, entstehen können.

Bei der Strategie *Akzeptanz* wird das Risikopotential in Kauf genommen. Dennoch ist es erforderlich, die Entwicklung des Risikos zu beobachten. Es kann zwischen der aktiven und der passiven Akzeptanz unterschieden werden. Die aktive Akzeptanz handelt zwar noch nicht, entwickelt aber einen Notfallplan. Dagegen werden bei der passiven Akzeptanz die Konsequenzen in vollem Umfang in Kauf genommen. Bei dieser Strategie fallen keine Kosten für die Risikobehandlung an. Es sind für den Fall des Eintritts lediglich Rücklagen zu bilden, um den evtl. Schaden aufzufangen [Schn97].

Bei der Strategie *Versichern* wird im Falle des Risikoeintritts der Schaden von einer Versicherung übernommen. Voraussetzung ist hier die grundsätzliche Versicherbarkeit. So arbeiten Versicherungen mit Ereignisrisiken, d.h. sie bieten Schutz gegen negative Folgen von Ereignissen [Glea01]. Hier handelt es sich im Unterschied zu den anderen Strategien um eine Absicherungsstrategie und nicht um eine Risikoreduzierungsstrategie [Kuma02].

Bei der Strategie *Übertragen* können Risiken durch Vereinbarungen z. B. in Form von Verträgen auf andere übertragen werden, die dann entsprechend für die Schadensregulierung zu sorgen haben. Beispiele für die Übertragung sind Subunternehmer-Verträge, Gewährleistungen, Garantien oder die Rollenverteilung in den Verträgen (vgl. Abschnitt 4.7.2). Die Durchführbarkeit der Risikoübertragung kann anhand folgender Fragen bestimmt werden [IEC01]:

- Welche Partei kann die Ursachen für den Eintritt des Risikos am besten kontrollieren?
- Welche Partei kann die Folgen des Risikos am besten managen und tragen, wenn es eingetreten ist?
- Entstehen weitere Risiken, falls das Risiko übertragen wird?

Die Strategie *Reduzieren* bedeutet das Verringern der Wahrscheinlichkeit des Eintritts und/oder das Minimieren der möglichen Schadenshöhe des Risikos. Diese Strategie umfasst somit Maßnahmen, die das Risiko verringern, jedoch nicht eliminieren. Der erwartete Risikowert nach der Begrenzung ist zu ermitteln und das Ergebnis den Kosten für die Reduktion gegenüberzustellen. Die Kosten für die Reduktion entsprechen dem im Projektlebenszyklus (vgl. Abschnitt 4.3.6) aufgeführten Wert für geplante Risikomaßnahmen.

Die Leistungsfähigkeit der gewählten Risikobegrenzungsstrategie ist zu evaluieren und zu kalkulieren. Wichtig ist, dass das Restrisiko, mit dem nach den Risikobegrenzungsstrategien gerechnet wird, für das Projekt und das Unternehmen akzeptabel ist. Die Wahl der Risikostrategie hängt von vielen Faktoren ab [ESII02]:

- Projektphase,
- Umfang,
- Priorität,
- Komplexität,
- Kosten,
- Zur Verfügung stehende Zeit,
- Verfügbare Ressourcen,
- Umsetzbarkeit und
- Engagement von Projektmanager und Team.

Strategien können nicht nur für die möglichen Gefahren, sondern auch für sich bietende Chancen entwickelt werden. Risikostrategien für Chancen sind *Ignorieren*, *Vergrößern* und *Verfolgen*. Chancen zu ignorieren bedeutet, analog zum Akzeptieren von Risiken passiv zu bleiben. Mit der Strategie Vergrößern soll der Erwartungswert einer Chance vergrößert werden, indem die Wahrscheinlichkeit einer Chance vergrößert oder der Wert der Auswirkung maximiert wird. Verfolgen bedeutet, potenzielle Chancen durch Sicherung der Ursachen einzuplanen.

4.5.2 Ishikawa–Diagramm zur ursachenbezogenen Ableitung von Maßnahmen

Das Ishikawa–Diagramm wird auch als Fishbone-Diagramm oder Ursache-Wirkungsanalyse bezeichnet. Es dient der grafischen Darstellung des Zusammenhangs zwischen der Wirkung eines Risikos und den vermutlichen Ursachen. Carter empfiehlt in diesem Sinne [Cart95]: „However, it may be more productive to identify the causative influence which may conspire to produce an effect, and thereby take steps to dispose of the cause and so eliminate the risks." Ein einfacher Effekt, wie z.B. ein Terminverzug, kann eine komplexe Integration diverser Ursachen sein. Es interessiert die Frage, wie die Ursachen eines Risikos miteinander verbunden sind.

Grafisch wird beim Ishikawa-Diagramm zuerst das Risiko mit seiner konkreten Wirkung in das rechte Oval, das den Kopf darstellt, geschrieben (Bild 32). Als Nächstes werden die Hauptursachengruppen bestimmt. Diese entsprechen bei Projekten zur Implementierung integrierter betrieblicher Standardsoftware den Klassen der Risikoklassifizierung (vgl. Abschnitt 4.2.3). Die einzelnen Klassen werden in die weiteren Ovale, welche die Grätenenden des Fisches darstellen, geschrieben (Bild 32). Die Vorgehensweise bei der Planung der Maßnahmen mit dem Ishikawa-Diagramm ist somit anders als die Vorgehensweise bei der Identifizierung der Risiken, wo zunächst die Risiken gesammelt und erst in einem zweiten Schritt klassifiziert werden.

Anhand der Ursachengruppen können im Ishikawa-Diagramm weitere Ursachen aufgezeigt werden. Aufbauend auf den identifizierten Ursachen werden anschließend als Ergebnis die Maßnahmen abgeleitet. Boehm [Boeh91] verwendet das Ishikawa-Diagramm zur Planung von Maßnahmen bei Risiken in Softwareprojekten direkt, ohne vorherige Ermittlung von Ursachen. Er teilt hierbei mögliche Maßnahmen in Risikoreduzierung, Technik, Kosten, Support, Zeitplan und operationale Maßnahmen ein.

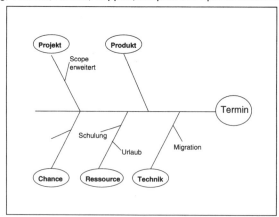

Bild 32 Ishikawa-Diagramm mit Risikoklassen als Hauptursachengruppen

4.5.3 Entscheidungsbaum-Verfahren zur Maßnahmenplanung bei Entscheidungsalternativen

Das Entscheidungsbaum-Verfahren kann zur Bestimmung von Strategien benutzt werden, wenn verschiedene Entscheidungsalternativen sowie Unsicherheiten in Bezug auf zukünftige Ereignisse existieren [Prit97]. Anhand eines Diagramms werden die Interaktionen zwischen Entscheidungen und Ereignissen verdeutlicht. Es werden einerseits die alternativen Entscheidungen und die daraus resultierenden Konsequenzen und andererseits die Verbindungen, die zwischen den Alternativen bestehen, analytisch betrachtet.

Zimmermann [Zimm01] unterscheidet in diesem Zusammenhang Entscheidungen bei sicherer und bei unsicherer Erwartung. Bei Entscheidungen bei sicherer Erwartung hängt das Ergebnis nur von der gewählten Aktion ab und bei Entscheidungen bei unsicheren Erwartungen nur teilweise von den gewählten Aktionen und teilweise vom zufälligen Eintreffen von Ereignissen. Bei der Planung von Maßnahmen im Risikomanagement ist zu beachten, dass die Situation der Entscheidung bei unsicherer Erwartung gegeben ist.

Der Entscheidungsbaum wird grafisch von rechts nach links entwickelt. Entscheidungen werden hierbei in Kästchen und Ereignisse in Kreisen dargestellt. Pro mögliche Alternative wird ein Zweig mit seinem Kostenwert dargestellt. Es folgen die Ereignisse mit der Wahrscheinlichkeit ihres Eintritts. Auf diese Weise kann dann am Ende pro Pfad ein Erwartungswert bestimmt werden. Der Pfad mit dem niedrigsten Erwartungswert ist dann die günstigste errechnete Alternative.

ESI International [ESII02] hat am Beispiel, ob ein Prototyp gebaut werden soll, um die Abnahme zu bestehen, das Entscheidungsbaum-Verfahren angewendet (Bild 33):

	Mit Prototyp	Ohne Prototyp
Kosten für den Bau des Prototyps:	€ 98.000	€ 0
Wahrscheinlichkeit für das Bestehen der Abnahme	90%	20%
Überarbeitungskosten nach Abnahme	€ 20.000	€ 250.000

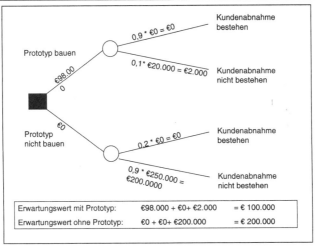

Bild 33 Entscheidungsbaumverfahren – Beispiel nach [ESII02]

Schnorrenberg [Schn97] schlägt vor, den Entscheidungsbaum einzusetzen, um Alternativen der Risikobehandlung (vgl. Abschnitt 4.5.1) zu untersuchen. Da für das Entscheidungsbaum-Verfahren erforderlich ist, Kosten- und Erwartungswerte jeder alternativen Entscheidung zu ermitteln, besteht die Frage, ob das Ergebnis eine derart aufwendige Methodik rechtfertigt. Zudem hat sich laut Umfrage (vgl. Abschnitt 3.3) gezeigt, dass im Durchschnitt in der Praxis nur ein bis zwei Maßnahmen pro Risiko vorgeschlagen und verfolgt werden. Der Einsatz des Entscheidungsbaum-Verfahrens kann allenfalls sinnvoll sein, wenn über einen langen Zeitraum hinaus an verschiedenen Stellen Entscheidungen getroffen werden müssen. So geht auch Carter [Cart95] auf das Entscheidungsbaum-Verfahren bei abhängigen Risiken ein.

4.5.4 Wissensbasiertes Risikomanagement zur Nutzung gewonnener Erfahrungen

Wissensbasierte Systeme bieten Informationen an, die für das Management notwendig sind, um Entscheidungen unter Unsicherheit zu treffen [Wide92]. Ein wissensbasiertes System für Risikomanagement hat das Ziel, die Redundanz von Risiken zu reduzieren, indem es Erfahrungen und Wissen vermittelt. Beim Management von Projekten wird überwiegend der Fokus auf die Planung und Kontrolle und weniger auf die Sammlung und Bereitstellung von Wissen, das in ähnlichen Projekten gewonnen wurde, gelegt. In diesem Sinne stellt auch Bullinger [Bul+97] heraus: „Es muß erarbeitet werden, welche kritischen Erfahrungen im Projektverlauf gesammelt wurden und worauf zukünftige Teams bei ähnlichen Projekten achten sollten". In Projekten zur Implementierung integrierter betrieblicher Standardsoftware wurde das erforderliche Wissen bisher jedoch nicht empirisch gesammelt und dokumentiert.

Wissensbasierte Systeme entstammen aus den in den 80er Jahren diskutierten Experten-Systemen. Experten-Systeme sind häufig regelbasiert aufgebaut und das Wissen der Experten wird im Form von „wenn ... dann ... weil ... " aufbereitet. Hierbei kommt es darauf an, das erforderliche Wissen mit Hilfe geeigneter Regeln zu hinterlegen. Von diesen Regeln sind allerdings nicht selten über 100.000 definiert [Dreg00]. Um eine Struktur für ein Expertensystem aufzubauen, werden viele ähnliche, vergleichbare Projekte benötigt. Experten-Systeme haben deshalb nicht das zufriedenstellend realisiert, was von ihnen erwartet wurde [Schn97]. Dies wäre, eine automatische Entscheidungsfindung anhand folgender Funktionen herbeizuleiten:

- Wissen aufzunehmen und zu repräsentieren,
- Schlüsse aus dem erfassten Wissen zu ziehen,
- Begründungen für die Schlüsse zu liefern und
- aus falschen Schlüssen zu lernen und daraufhin vorhandenes Wissen zu ändern.

In diesem Zusammenhang betont ebenso Döner [Döne87], dass der Mensch nicht nur in Form von wenn-dann denkt, sondern die Fähigkeit zur Selbstreflektion hat.

Auch wenn Selbstreflektion aus Selbstschutz spontan selten vorkommt, ist nachweisbar, dass mit Selbstreflektion das menschliche Denken erheblich effektiver und problemgerechter abläuft [Döne87].

Kiyoshi Niwa [Kiyo89] entwickelte ein neues Konzept zum wissensbasierten Risikomanagement, bei dem Mensch und Computer miteinander kooperieren. Der Kernpunkt ist hierbei, menschliche Intuition in ein Computersystem zu integrieren, um seine Flexibilität und Anwendbarkeit zu erhöhen. Dieses System enthält:

- eine Wissensdatenbank,
- eine auf Computer basierte Funktion, die Schlussfolgerungen trifft,
- menschliche intuitive Fähigkeiten und
- eine kooperative Schnittstelle zwischen Mensch und Computer, die Funktionen wie computerbasierte Schlussfolgerungen und nicht logische menschliche Intuition verbindet.

Im Rahmen der vorliegenden Arbeit soll eine erste Grundlage zum Aufbau einer Wissensdatenbank für Softwareprojekte entwickelt werden (vgl. Abschnitt 7.6). Ein erstes Ziel ist es, anhand einer integrierten Annäherung eine leichtere Risikoidentifizierung und effektivere Maßnahmenfindung zu ermöglichen. Neue Softwareprojekte können so durch die Nennung und Beschreibung signifikanter Risiken sowie ihren Ursachen und erfolgreichen Maßnahmen unterstützt werden.

Risiken werden in der vorliegenden Arbeit nach einer ersten Einordnung in Risikoklassen (vgl. Abschnitt 4.2.3) in weitere Unterelemente untergliedert (Tabelle 10). Ein wissensbasiertes System kann dann Fragen anhand dieser Struktur stellen [KaBo89]. Verbindet man die Risikoklassen in Form einer Matrix mit den Arbeitspaketen eines Standardprojektstrukturplanes für Softwareprojekte (vgl. Abschnitt 2.3.4), so können Wissensgebiete selektiv abgefragt werden. Vorwärts- und Rückwärtsschlussfolgerungen, welche Risiken nicht genannt sind oder welche anhängigen Risiken zu beachten sind, werden zunächst nicht betrachtet, da für die Anwendbarkeit in Projekten zur Implementierung integrierter betrieblicher Standardsoftware erst Erfahrungen in Form von Datensammlungen aufzubauen sind.

Risikoklasse	Unterklasse
Ressourcen	Kapazitätsengpässe
	Fachkenntnisse
	soziokulturelle Risiken
Projekt	Einführungsstrategie
	Projektmanagement, Projektorganisation und –kommunikation
	Juristische Risiken
Produkt	erforderliche Schnittstellen
	Funktionalitäten
	Neuartigkeit und Komplexität
Technik	Infrastruktur
	Basis
	Programmentwicklung
Change Management	Änderung bestehender Prozesse
	neue Prozesse

Tabelle 10 Unterklassen der Risikoklassen für ein wissensbasiertes Risikomanagement

4.5.5 Optimierung der Maßnahmen durch Integration in die Projektplanung

In einem komplexen System haben wenige Maßnahmen nur eine Wirkung, das aktuelle Motiv lenkt die Aufmerksamkeit aber auf eine Wirkung [Döne87]. Dies kann dazu führen, dass Neben- und Fernwirkungen von Maßnahmen nicht beachtet werden. In ihrem Beitrag „An integrated approach for risk response development in project planning" berücksichtigen Ben-David und Raz [BeRa01] deshalb bei der Planung von Maßnahmen Synergieeffekte. Ihr Ziel war es, ein Modell zu entwickeln, das Risikomanagement von der Perspektive des ganzen Projektes und nicht als eine Sammlung unabhängiger Maßnahmen betrachtet. Als Ergebnis wurde ein Satz von Risikomaßnahmen angestrebt, der die erwarteten Gesamtkosten des Projektes minimiert.

In der Regel wird den Kosten zur Durchführung einer Maßnahme die erwartete Höhe des Schadensausmaßes nach der Risikoreduktion gegenübergestellt und der Risikoreduzierungsgrad dann nach folgender Formel berechnet [Boeh91]:

Analyse der Methoden

$$RRL = \frac{RE_{before} - RE_{after}}{RRC} \quad (7)$$

mit RE - Risk Exposure (Risikoausmaß),
RRL - Risk Reduction Leverage und
RRC - Risk Reduction Cost.

Ben-David und Raz [BeRa01] bezeichnen dies als eine naive Annäherung, solange die Abhängigkeiten zwischen den Reduzierungsmaßnahmen sowie mögliche Sekundärrisiken ignoriert werden. Die ersten Überlegungen, die beste Kombination von Maßnahmen zur Risikoreduzierung zu ermitteln, wurden mit der Entwicklung der Synergistic Contingency Evaluation and Review Technique (SCERT) [ChWa97] festgehalten. SCERT beinhaltet u.a. die Identifikation von Abhängigkeiten zwischen Risiken und Maßnahmen und die Zuordnung von Risiken zu Arbeitspaketen des Projektplanes. Jedoch berücksichtigt sie weder explizit die Kosten, um Risikomaßnahmen zu implementieren, noch beinhaltet sie ein Werkzeug, um die Selektion von Maßnahmen zu unterstützen.

Im Modell „An integrated approach for risk response development in project planning" sind die Risikoereignisse wechselseitig unabhängig und jedes Risiko hat im Ursache-PSP eine einzige Quelle [BeRa01]. Einige Maßnahmen können sich auf einzelne PSP-Elemente beziehen, während andere sich über mehrere Arbeitspakete ausdehnen und so zur Reduktion von mehreren Risiken beitragen. Vor diesem Hintergrund wird das Risikomaß Eintrittswahrscheinlichkeit auf jeweils ein Ursache-PSP bezogen und das Risikomaß Schadenshöhe auf ein oder mehrere Schadens-PSP. Eine Maßnahme wird als risikoreduzierende Aktion beschrieben, welche die Eintrittswahrscheinlichkeit oder die Schadenshöhe der betroffenen PSP-Elemente mindern soll.

Die in diesem Modell [BeRa01] beschriebene Kostenplanung weist Parallelen zu den in der vorliegenden Arbeit beschriebenen Risikomanagementkosten in Bezug auf den Projektlebenszyklus auf (vgl. Abschnitt 4.3.2.5). So impliziert das Modell auch, dass die Bereitschaft besteht, Maßnahmen heute zu ergreifen, um die Kosten für Risiken, die eventuell eintreten, in der Zukunft zu senken. Die Baselinekosten im Modell entsprechen den geplanten Kosten eines Projektes. Die Expected Risk Cost (ERC) entsprechen den Kosten für bekannte Risiken und die Certain Risk Cost (CRC) den geplanten Kosten für Risikomaßnahmen. Die Summe der beiden Risikokosten ERC und CRC werden im Modell als Total Risk Cost (TRC) bezeichnet.

Das Ziel des Modells ist es, den Satz von Maßnahmen zu ermitteln, der die Total Risk Cost reduziert. Hierzu werden die Baselinekosten ignoriert, da sie nicht von der Risikoanalyse betroffen sind. Zunächst werden die PSP-Elemente, die Quellen von Risikoereignissen sind, mit der zugehörigen Wahrscheinlichkeit des Eintritts in einer P-

Matrix aufgeführt (Tabelle 11). Dann werden in einer zweiten Tabelle die PSP-Elemente, die den Schaden von Risikoereignissen tragen, mit der zugehörigen Schadenshöhe in einer I-Matrix aufgeführt (Tabelle 12).

PSP-Element/Risiko	1.0	1.1	1.2	1.2.1
1. Prozess nicht definiert			0.2	
2. Datenmigration		0,3		
3. Schnittstelle A	0,5			

Tabelle 11 P-Matrix – Eintrittswahrscheinlichkeit in Bezug auf Ursache-PSP-Elemente

PSP-Element/Risiko	1.0	1.1	1.2	1.2.1
1. Prozess nicht definiert	20		0,2	40
2. Datenmigration	1,5	0,3		
3. Schnittstelle A	0,5		30	

Tabelle 12 I-Matrix - Schadenshöhe in Bezug auf betroffene PSP-Elemente

Zu jeder möglichen Risikoreduzierungsmaßnahme wird die Ergebnismatrix (E-Matrix) als Produkt von P-Matrix und I-Matrix berechnet (Tabelle 13). Zu Beginn der Analyse ist CRC null, da keine Risikoreduzierungsmaßnahme ermittelt ist. ERC ist dann gleich der Summe der Einträge in der E-Matrix und TRC ist somit gleich ERC.

Analyse der Methoden 77

Betroffenes PSP-Element/ Ursache PSP-Element	1.0	1.1	1.2	1.2.1
1.0		0,25	15	
1.1	0,45		0,09	
1.2	4		0,04	8
1.2.1				

Tabelle 13 E-Matrix – Ergebnismatrix als Produkt von P-Matrix und I-Matrix

Werden im weiteren Projektverlauf Maßnahmen zur Risikoreduzierung ermittelt und ihre erwarteten Kosten bestimmt (Tabelle 14), so sind diese bei der Betrachtung der TRC mit zu berücksichtigen.

Maßnahme	Kosten
1. Kapazität um eine Person erhöhen.	100
2. Zusätzlich Test durchführen.	50
3. Schnittstelle extern vergeben.	60

Tabelle 14 Maßnahmen zur Risikoreduzierung und ihre erwarteten Kosten

Es besteht die Möglichkeit, die TRC zu senken, indem auch die Effekte, die eine Maßnahme auf andere Risiken hat, berücksichtigt werden. Effekte der Maßnahmen zur Risikoreduzierung können sich auf unterschiedliche PSP-Elemente beziehen (Tabelle 15).

Maßnahme	Effekt	Effektnr.	PSP	Risikoereignis		
				1. Prozess	2. Daten migration	3. Schnitt stelle A
1. Kapazität	P	1a	1.0	0,6		
	P	1b	1.1			0,9
	P	1c	1.2			
	I	1d	1.2.1			
2. Test	P	2a	1.1		0,8	
	P	2b	1.2			2
	P	2c	1.0			
3. extern vergeben	P	3a	1.2.1	0,9		
	P	3b	1.2			

Tabelle 15 Effekte der Maßnahmen in Bezug auf Risikoereignisse

Ergebnis ist eine priorisierte Liste der einzelnen Maßnahmen. Die höchste Priorität haben die Maßnahmen, die die Total Costs am meisten senken. Die Maßnahmen werden im Folgenden der Reihe nach durchlaufen, um festzustellen, ab welcher Maßnahme eine weitere nicht mehr rentabel ist. Die Beziehung zwischen CRC und ERC sowie ihr Verhältnis bei den unterschiedlichen Risikomaßnahmen wird in Bild 34 dargestellt. Die untere rechte Ecke stellt den Projektbeginn dar, bei dem keine Maßnahmen zur Risikoreduzierung ergriffen wurden. Die erwarteten Risikokosten ERC liegen bei X. Bei jeder Reduzierungsmaßnahme sinken die ERC und die CRC steigen um den Betrag für die Risikomaßnahme. Werden durch eine Maßnahme Sekundärrisiken erwartet, so können zu den steigenden CRC auch die ERC steigen. Diese Maßnahme würde sich dann nicht rentieren.

Analyse der Methoden 79

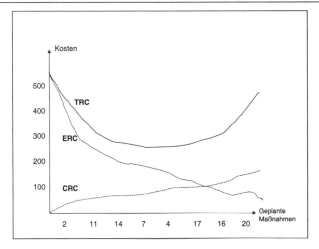

Bild 34 Optimierung der Kosten für geplante Maßnahmen durch Integration in die Projektplanung

Es besteht ein wesentlicher Unterschied zwischen den CRC-Bestandteilen und den ERC-Bestandteilen an den Gesamtkosten. Die CRC-Kosten repräsentieren Kosten, die relativ genau eingeschätzt werden können und bereits zu Beginn des Projektes feststehen. Die ERC-Kosten reflektieren die Kosten die erbracht werden, um auf zukünftige Risikoereignisse zu reagieren. Sie werden in Bezug auf die jeweilige Wahrscheinlichkeit gewichtet. Unvermeidbar ist, dass es immer Unsicherheiten in Bezug auf die Total Cost geben wird. Ein wesentlicher Faktor ist bei der Anwendung die Risikofreudigkeit. Werden höhere Kosten präferiert, um eine größere Sicherheit zu erzielen, so werden über den Punkt Minimum of Total Cost weitere Maßnahmen ergriffen werden.

Eine Möglichkeit ist, das Verhältnis von ERC/CRC für einen projektübergreifenden Vergleich heranzuziehen. Die Optimierung von Maßnahmeneinsätzen durch Integration in die Projektplanung ist jedoch grundsätzlich aufgrund ihres Verhältnisses von Komplexität zu Ergebnis in der Praxis weniger geeignet.

4.6 Erforderliche Elemente in der Risikomanagementphase Maßnahmen managen

Risikomanagement ist nicht nur als Frühwarnsystem und interne Kontrolle zu sehen, sondern umfasst auch eine Überwachungsfunktion, die dafür sorgt, dass das System gelebt wird [Fink00]. Dies ist erforderlich, da die meisten Maßnahmen nicht kontrolliert und als zweite Tendenz, bei zunehmendem Krisendruck die Dosierung der Maßnahmen erhöht wird, was die Gefahr des Aktionismus in sich birgt [Döne87]. Vor diesem Hintergrund wurde die Phase Maßnahmen managen bewusst als separate Phase abgegrenzt und nicht zusammen mit der Phase Maßnahmen planen in einer Phase definiert.

In den folgenden Abschnitten wird auf die Ausführung und Überwachung der Risikostrategien, die Behandlung der schwachen Signale, den Einfluss des Partnermanagements bei der Durchführung von Maßnahmen sowie den Methode der Fortschrittswertermittlung zur Evaluierung des Projekterfolges eingegangen.

4.6.1 Risikostrategien ausführen und überwachen

Auf der Basis der vorgeschlagenen Maßnahmen zur Risikoreduzierung werden in der Phase *Maßnahmen managen* konkrete Aktionen durchgeführt. Die Verantwortlichkeiten liegen hierbei bei Personen [IEC01]:

- die für die Aktivitäten zuständig sind, aus der das Risiko erwächst,
- die am besten die Wahrscheinlichkeit des Eintritts dieses Risikos kontrollieren können oder
- die am besten positioniert sind, um auf den Eintritt des Risikos zu reagieren.

Um eine effektive Steuerung der Risikostrategien zu erreichen, muss der Projektmanager den Projektverlauf sorgfältig überwachen und kontinuierlich nachbereiten. So ist nicht nur ein Aktionsplan, sondern auch eine angemessene Erfolgskontrolle erforderlich. Die Lösungen sind zu überprüfen und Hindernisse zu erkennen. Hierzu ist wichtig, folgende Punkte festzuhalten:

- Wann wurde welche Maßnahme ergriffen?
- Welchen Status hat das Risiko?
- Wie hoch sind die Kosten für die Maßnahme?
- Entspricht die Maßnahme den Vorhersagen?
- Welchen Erfolg hatte die Maßnahme?
- Wie hoch ist das Restrisiko?

Ziel der Phase *Maßnahmen managen* ist die Ausführung des Risikomanagementplans. Dies geschieht durch die Steuerung der Risikostrategien mit den Teilschritten *ausführen, evaluieren* und *dokumentieren* (Bild 35). Die Reaktionen auf die Steuerung der Risikostrategien haben Auswirkungen auf die Projektausführung und den Projektsteuerungsprozess. Die Planung und Durchführung der Maßnahmen ist deshalb im Projektplan, der Projektausführung und in den Kontrollprozessen zu integrieren [ESII02]. Durch Abweichungen und Varianzen mit Fortschreiten des Projektplanes wird eine neue Risikobeurteilung erforderlich, um im Laufe des Projektes auf die Risikoereignisse zu reagieren und gegebenenfalls zusätzliche Maßnahmen zu ergreifen. Der Risikomanagementprozess ist neu zu durchlaufen und der aktualisierte Risikomanagementplan ist wiederum Grundlage für die Steuerung der Risikostrategien.

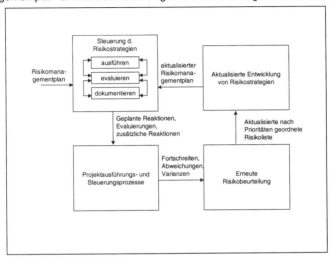

Bild 35 Überblick über die Steuerung der Risikostrategien nach [ESII02]

Im Rahmen des Management-Entscheidungsprozesses ist die Berichterstattung über Risikopunkte erforderlich, um Vertrauen aufzubauen. Eine rechtzeitige und regelmäßige Kommunikation ist ein entscheidender Faktor für den Projekterfolg. Die Installation von Risikobesprechungen oder ihre Integration ins Statusmeeting fördert zudem das Bewusstsein für Risiken. Die Projektmitglieder sollten über die Risikolage informiert sein, denn das Gefühl, durch ein plötzlich auftretendes Risiko überrascht zu werden oder durch fehlende Handlungsanweisungen die Kontrolle zu verlieren, ruft bei den meisten Betroffenen Widerstände hervor. Diskussionen über Risikoangelegenheiten können folgendes beinhalten [IEC01]:

- Festlegung und Beurteilung von Risiken,

- Überprüfung der Risikoliste,

- Überprüfung des Risikostatus und der damit zusammenhängenden Risikosteuerungs- und -bewältigungsaktivitäten,

- Feststellung und Vereinbarung von Änderungen der Risikodaten und erneuter Analyse der Änderungen,

- Beurteilung der Wirksamkeit des Risikomanagementprozesses und
- Besprechung der Beziehungen zwischen den Vertragsparteien.

4.6.2 Behandlung der schwachen Signale

Viele Katastrophen in Softwareprojekten entstehen nicht plötzlich und unerwartet, sondern entwickeln sich im Laufe der Zeit aus schwachen Signalen. Indikatoren können hier personeller, technischer, organisatorischer oder kommerzieller Art sein. Sachliche Fakten, die bereits durch die Projektsteuerung transparent werden, sind sicherlich ein Rückstand in den Arbeitspaketen und Terminverschiebungen. Persönliche Fakten sind neben ausgesprochenen Warnungen, innere Migrationen und Abwesenheiten.

Risikomanagement ist hierbei als Frühwarnsystem geeignet, um Eskalationen zu vermeiden [Fair94]. Es ist entscheidend, die Tendenzen systematisch und vor allem frühzeitig ausfindig zu machen, um ein effektives Handeln zu ermöglichen. Schwache Signale für Risiken können entweder im Inneren des Unternehmens b.z.w. des Projektes verursacht werden oder aus dem Umfeld des Unternehmens durch Kunden, Partner oder Banken entstehen [Dreg00].

Eine Methode, diese schwachen Signale zu erkennen, ist eine gesteigerte Sensitivität der Projektmitglieder. Eine systematische Vorgehensweise kann ergänzend gewählt werden, indem Warnzonen und Sicherheitsbereiche definiert werden. Risiken und ihre Entwicklung in diesen Bereichen sind besonders aufmerksam zu verfolgen und frühzeitig mit Maßnahmen zu begegnen. Dies könnten z. B. die Risiken mit einer großen Schadenshöhe aber kleiner Eintrittswahrscheinlichkeit sein. Steigt die Eintrittswahrscheinlichkeit im Laufe der Zeit kontinuierlich oder befinden sich besonders viele Risiken in diesem Bereich, so besteht Handlungsbedarf.

4.6.3 Einfluss des Partnermanagements bei der Durchführung von Maßnahmen

Softwareprojekte werden i.d.R. nicht autonom durchgeführt, sondern bedeuten eine Zusammenarbeit unterschiedlicher Partner. Bei der Gestaltung des Systems beauftragt der Auftragsgeber i.d.R. einen oder mehrere Auftragnehmer, die ihrerseits wiederum Unterauftragnehmer einschalten können.

Die verschiedenen Konstellationen beinhalten hierbei unterschiedliche Risiken. Ein entscheidender Faktor ist deshalb die Vertragsart zwischen dem Augtraggeber und dem Lösungsanbieter. Verrechnungen nach Aufwand eignen sich, wenn besonders hohe Risiken mit großer Unsicherheit in der Kostenschätzung bestehen, und Festpreisverträge sind bei geringeren Risiken zu empfehlen [Dreg00]. So können sich bei

Projekten zur Implementierung integrierter betrieblicher Standardsoftware z.b. Festpreisvereinbarungen nach der Abgabe des Fachkonzepts, wenn der Umfang des Projektes abgenommen ist, anbieten. Es ist bei der Vertragsgestaltung darauf zu achten, wer den Anreiz zur Kostenreduktion hat. Allerdings kann es auch sein, dass sich für eine Seite das Projekt nur rechnet, wenn Nachforderungen (Claims) durchgesetzt werden. Ein häufiges Problem der Kooperation besteht in nachvertraglichen Absprachen, wenn Änderungen des Projektumfanges erforderlich sind.

Auf die Frage, wie bei unterschiedlichen Partnern die Risiken zu dokumentieren sind, hat Williams [Will+99] in seinem Risikomanagement Leitfaden ein Programm entworfen, dass die Anbieter- und die Kundenorganisation berücksichtigt (Bild 36). Hierbei wird davon ausgegangen, das Anbieter und Kunde kontinuierlich und unabhängig ihre Risikolisten führen müssen, damit Risikomanagement in IT-Projekten erfolgreich ist. Das Team Risk Management soll dann in einem gemeinsamen Workshop eine einheitliche Projektsichtweise herstellen.

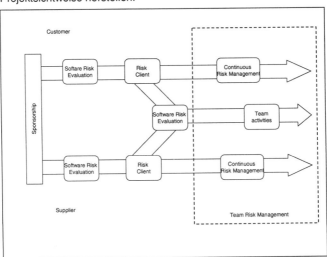

Bild 36 Risk Management Road Map zur Darstellung des Einflusses des Partnermanagements bei der Durchführung von Maßnahmen nach [Will+99]

Um unnötige Doppelarbeiten und Abstimmgespräche zu vermeiden, ist diese Vorgehensweise allerdings für Softwareprojekte nicht zu empfehlen. Alle Vertragspartner sollten zum eindeutigen Verständnis über die Risiken des Projektes eine gemeinsame Risikoliste führen. Jeder Vertragspartner kann darüber hinaus seine speziellen Risiken, wie interne Risiken oder Risiken in Bezug zum Partner, in einer eigenen Liste führen.

4.6.4 Die Methode der Fortschrittswertermittlung zur Evaluierung des Projekterfolges

Bei den Methoden zur Risikoquantifizierung sind die Unsicherheiten entweder auf die Kosten oder auf die Zeit bezogen, eine integrierte Betrachtung wird jedoch weder bei PERT (vgl. Abschnitt 4.3.4) noch bei PEA (vgl. Abschnitt 4.3.5) oder der Monte-Carlo-Simulation (vgl. Abschnitt 4.3.3) vorgenommen. Für eine erfolgreiche Projektsteuerung reicht eine isolierte Betrachtung von Kosten, Ressourcen oder Terminen jedoch nicht aus. Die Fortschrittswertermittlung bietet hier die erforderliche Transparenz über die Projektkosten in Bezug auf den Projektfortschritt. Erst wenn die Projektkosten in Verbindung mit der tatsächlich erbrachten Leistung verglichen werden, sind sinnvolle Aussagen über den Projektfortschritt und den Stand eines Projekts möglich (Bild 37).

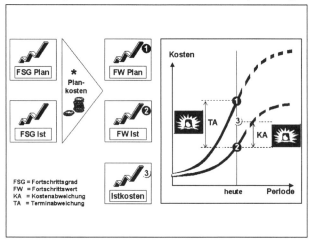

Bild 37 Vergleich der Projektkosten in Verbindung mit der tatsächlich erbrachten Leistung bei der Fortschrittswertermittlung nach [SAP02d]

Die Fortschrittswertermittlung kann sowohl bei einer Projektsteuerung mit Netzplänen als auch bei einer Projektsteuerung mit PSP-Elementen eingesetzt werden. Der Fertigstellungsgrad (FG) des jeweiligen Arbeitspaketes, der auf Grundlage von definierten Regeln oder manuell geschätzt werden kann, dient hierbei als Grundlage. Es werden zu bestimmten Zeitpunkten im Projekt die prozentualen Werte für die geplante Leitung (FG Plan) und die erbrachte Leistung (FG Ist) ermittelt und mit den Plankosten multipliziert. Dies ergibt die Werte der geplanten Leistung in Form des Fortschrittswerts Plan (BCWC) und den Wert der tatsächlich erbrachten Leistung in Form des Fortschrittswerts Ist (BCWP) (Bild 38). Der Vergleich von Plan- zu Ist-Fertigstellungswert weist die Kosten für Terminabweichungen (SV) und ein Vergleich von Ist-Fertigstellungswert zu Istkosten (ACWP) weist die Kostenabweichungen (CV) im Projekt aus. Der Wertindex (CPI) als Quotient von tatsächlich erbrachten Leistungen zu Istkosten gibt die Abweichung von der Planvorgabe an. Hierauf aufbauend kann der zu erwartender Kostenanfall bis Projektende (ETC) und die geschätzten Gesamtkosten bis Fertigstellung (EAC) ermittelt werden.

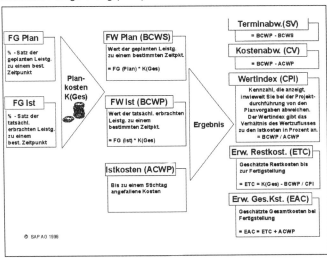

Bild 38 Kennzahlen der Fortschrittswertermittlung nach [SAP02d]

In dem Beitrag „On the optimal management of project risk" wurde ebenso ein Modell entwickelt, das die Unsicherheiten von Kosten und Zeiten in jeder Aktivität integriert berücksichtigt [Val+98]. Die Probleme der Projektterminierung wurden hierzu sowohl in Bezug auf Projektkosten als auch das Risiko, die Ziele nicht in der vorgesehenen Zeit zu erreichen, untersucht. So senkt die Bestrebung, jede Aktivität so früh wie möglich zu starten, zwar auf der einen Seite das Risiko einer Zeitverschiebung, erhöht aber auf der anderen Seite das Risiko einer Kostenerhöhung. Hierfür sind im Projekt die Zusammenhänge aufzuzeigen und ein optimaler Kompromiss zu finden.

Die Fortschrittswertermittlung ist in großen Projekten für eine erfolgreiche Projektsteuerung erforderlich, da sie die notwendige Transparenz über die Projektkosten in Bezug auf den Projektfortschritt bietet.

4.7 Vorgehen in der Risikomanagementphase Überwachung und Risikobericht

Eine strukturierte Dokumentation erleichtert die Implementierung und Kontrolle des Risikomanagementprozesses, insbesondere bei der Übergabe der verschiedenen Projektphasen. Da Risiken sich im Laufe der Zeit entwickeln, reicht es nicht aus, sie nur einmalig vor Beginn eines Projektes zu identifizieren. Eine kontinuierliche Überwachung der Risikolage über die Angebotsphase hinaus bis hin zum Projektabschluss wird jedoch oft in Projekten zur Implementierung integrierter betrieblicher Standardsoftware vernachlässigt.

Da die Empfänger der Risikomanagementberichte i.d.R. Geschäftsleitungen, Vorstände und Aufsichtsräte sind, sind Darstellungsformen zu wählen, die die wesentlichen Informationen kurz und transparent vermitteln. Risiken können so pro-aktiv gemanagt werden.

In diesem Abschnitt wird die projektinterne Überwachung anhand der Chancen/- Risikobetrachtung und zeitlicher Risikoverfolgung sowie die projektübergreifende Überwachung der Risikolage anhand der in der vorliegenden Arbeit entwickelten Risikokennzahl dargestellt. Abschließend folgt die Beschreibung des Risikoberichts.

4.7.1 Projektinterne Überwachung der Risikolage anhand der Chancen/- Risikobetrachtung und der kontinuierlichen Risikoverfolgung

Eine Möglichkeit in der Angebotsphase, Risiken zu überwachen, ist die Chancen-/Risikobetrachtung (Bild 39). Sie visualisiert die erste Einschätzung des Projektes in Bezug auf Annahme oder Vermeidung des Projektes. Die Risikopunkte und die Chancenpunkte bezüglich des gesamten Projektes sind hierzu zu ermitteln und in der Grafik zu verbinden. Nicht selten dienen vordefinierte Checklisten als Grundlage.

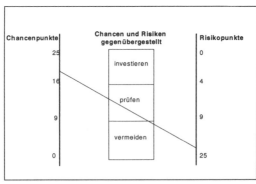

Bild 39 Darstellung der Risikolage mit der Chancen/-Risikobetrachtung in der Angebotsphase des Projektes

Das Risikoportfolio mit den Achsen Eintrittswahrscheinlichkeit und Schadenshöhe ist die in der Praxis am häufigsten verwendete Risikodarstellung (vgl. Abschnitt 4.4.1). Durch die farbliche Darstellung der verschiedenen Risikozonen gibt es relativ leicht einen Überblick über die Risikolage des Projektes. Zusätzlich kann für jedes Risiko der Risikowert über die Zeit verfolgt werden (Bild 40).

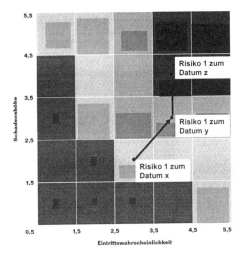
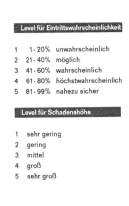

Die farbliche Darstellung der verschiedenen Risikozonen gibt einen Überblick über die Risikolage des Projekts.

Bild 40 Risikoportfolio Visualisierung der zeitlichen Entwicklung eines Risikos

Eine andere Sichtweise ist ein Diagramm mit den Achsen Zeit und Risiko (als Produkt aus Eintrittswahrscheinlichkeit und Schadenshöhe) (Bild 41). Sinnvoll kann es hier auch sein, die im Laufe der Zeit ergriffenen Maßnahmen mit aufzunehmen.

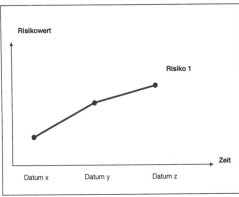

Bild 41 Risikoüberwachung eines Projektes im zeitlichen Verlauf

4.7.2 Projektübergreifende Überwachung der Risikolage anhand einer Risikokennzahl

Gerade im projektübergreifenden Vergleich lassen sich die Risikolagen der einzelnen Projekte richtig einschätzen. Natürlich ist es wichtig, dass Projekte verglichen werden, die eine gewisse Ähnlichkeit in Größe, Struktur und Inhalt haben. Ein Vergleichskriterium ist die Höhe der offenen Risiken pro Projektphase und Risikoklasse (Bild 42) oder Risikozone (Bild 43). Es sind nicht nur die Anzahl der offenen, sondern auch der abgeschlossenen und neuen Risiken regelmäßig zu nennen.

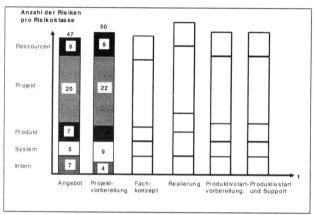

Bild 42 Darstellung der Anzahl der Risiken pro Risikoklasse in den Projektphasen des Vorgehensmodells

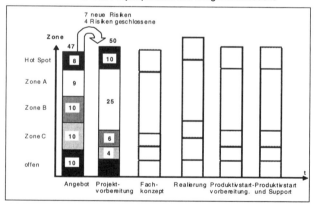

Bild 43 Darstellung der Anzahl der Risiken pro Risikozone in den Projektphasen des Vorgehensmodells

Damit das Management in der Lage ist, sich schnell und umfassend einen Überblick zu verschaffen, ist es erforderlich, dass Kennzahlen die Beurteilung wichtiger Sachverhalte und Zusammenhänge vornehmen, indem sie diese quantifizieren und über ein metrisches Skalenniveau messbar machen [Stip99]. Eine Risikokennzahl ist geeignet, bestimmte Entwicklungen zu beobachten [Voll02] und rechtzeitig Signale für Fehlentwicklungen zu erkennen. Eine Risikokennzahl ist erforderlich, um die Entwicklung der qualitativen Risikolage mindestens nach jeder Projektphase berichten und somit über die gesamte Projektlaufzeit verfolgen zu können. Sie sollte darüber hinaus geeignet sein, die Risikolage von verschiedenen Softwareprojekten zu vergleichen.

Bei der im Rahmen dieser Arbeit entwickelten neuen Risikokennzahl (Formel 10) spielt die bereist in der Literatur bekannte Summe aller Risikowerte eine Rolle. Es wird allerdings nicht die Monte-Carlo-Simulation angewendet, die das Gesamtrisiko in Abhängigkeit von den zufallsabhängigen Kombinationen des Eintretens der Einzelrisiken bestimmt (vgl. Abschnitt 4.3.2.2). Dies hat den Grund, dass bei der Risikokennzahl die Schadenskurve, die das Ergebnis der Monte-Carlo-Simulation ist, nicht relevant ist.

Der Risikomanager kann auf Grund seiner Erfahrung und Beobachtung beurteilen, wie sinnvoll das Ergebnis der Quantifizierung durch das Team ist. Die Meinung des Risikomanagers bzw. Projektmanagers sollte deshalb mit in die Quantifizierung der Risiken aufgenommen und entsprechend gewichtet werden (Formel 4). Bei der Bildung der Risikokennzahl können deshalb zwei Fälle unterschieden werden. Entweder ist nur die Teamsicht (Formel 9), aber nicht die Risikomanagersicht oder es sind beide Sichten angegeben (Formel 8). Die Fallunterscheidung erfolgt über den Risikowert aus Sicht des Risikomanagers (RWr). Nimmt der Risikomanager die Möglichkeit wahr, eine eigene qualitative Bewertung anzugeben, so fließt seine Bewertung mit einem Gewichtungsfaktor von 0,4 in den Risikowert des einzelnen Risikos ein. Die durchschnittliche Teambewertung wird dagegen mit einem Gewichtungsfaktor von 0,6 aufgenommen. Die Summe der Risikowerte wird dann pro Risikoklasse und Projektphase berichtet (Bild 44).

Fall 1: Risikowert aus Sicht des Risikomanagers ist angegeben
Bedingung: RWr ≠ 0:

$$RW = 0{,}6 \times 1/n \sum_{i=1}^{n} RWi + 0{,}4 \times RWr \qquad (8)$$

Fall 2: Risikowert aus Sicht des Risikomanagers ist nicht angegeben
Bedingung: RWr = 0:

$$RW = 1/n \sum_{i=1}^{n} RWi \qquad (9)$$

mit: RW - Risikowert gesamt
RWi - Risikowert Projektteammitglied,
RWr - Risikowert des Risikomanagers und
i = 1, ... ,n - Anzahl Beurteilungen.

Da die Summe aller Risikowerte von der Anzahl der genannten Risiken abhängt und somit nicht unbedingt die objektive Risikolage widerspiegelt, kommt den zehn höchsten Risiken eine besondere Rolle zu (vgl. Abschnitt 4.4). In Anlehnung an Boehm [Boeh91], der herausstellt, dass der überwiegende Kostenanteil zur Risikobewältigung sich auf die höchsten Risiken bezieht, wird eine 80 Prozent Gewichtung für die zehn höchsten Risiken (priorisierter Risikowert) und eine 20 Prozent Gewichtung für alle Risiken vorgenommen. Versteegen [Vers03] geht ebenso auf die höchsten Risiken ein. Er stellt diese jedoch in einem Diagramm neben dem durchschnittlichen Risikowert dar und führt sie nicht in einer Formel zusammen. Die Risikokennzahl kann klassenübergreifend pro Projektphase berichtet werden (Bild 45). Sie ist insbesondere auch geeignet, um die Risikolage verschiedener Softwareprojekte miteinander zu vergleichen.

$$RK = 0{,}2 \times \sum_{j=1}^{m} RWj + 0{,}8 \times \sum_{p=1}^{10} RWp \qquad (10)$$

mit: RK - Risikokennzahl des gesamten Projektes,
RWj - Risikowert,
RWp - priorisierter Risikowert,
j = 1, ... , m - Anzahl Risiken und
p = 1, ... , 10 - Anzahl priorisierter Risiken.

Analyse der Methoden 91

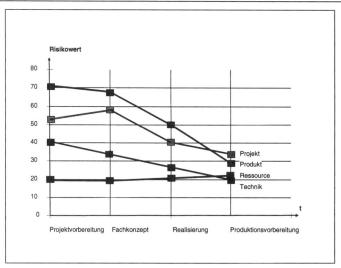

Bild 44 Darstellung des Risikowertes pro Risikoklasse im Verlauf der Projektphasen des Vorgehensmodells

Risikokennzahl	Zonen	Farbe
0 - 40	Zone C	grün
41 - 80	Zone B	gelb
81 - 120	Zone A	orange
121 - 160	Hot Spot	rot

Tabelle 16 Risikokennzahl in Bezug zur Risikozone

Wird ein Projekt in die Zone Hot Spot eingeordnet, so sind zumindest folgende Maßnahmen zu ergreifen:

- Projekt als strategisch erklären und dementsprechend berichten,
- Risikomanager für Projekt einsetzen, wenn vorher Risikomanagement von Projektleiter durchgeführt wurde,
- Rücklagen bilden und
- Abbruchkriterien festlegen.

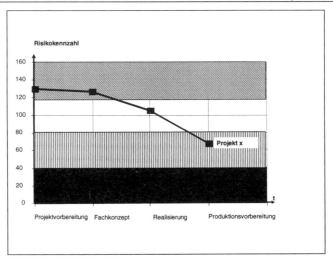

Bild 45 Darstellung der Risikokennzahl im Verlauf der Projektphasen des Vorgehensmodells

4.7.3 Risikobericht zur Dokumentation der Risikolage in standardisierter Berichtsform

Die Ergebnisse des Risikomanagements gehen nach Ortner [Ortn02] in einen standardisierten Report ein. Die Dokumentation ist ein Prozess und sollte im Laufe des gesamten Projektes sukzessiv erstellt werden. Sie erleichtert die Implementierung und Kontrolle des Risikomanagementprozesses. Dies trifft insbesondere bei der Übergabe verschiedener Projektphasen zu. Zur Risikodokumentation gehören nach ESI International [ESII02]:

- Risikoereignisse,
- Risikoanalysen,
- Risikostrategien,
- durchgeführte Korrekturmaßnahmen,
- tatsächliche Nettoauswirkungen auf das Projekt und
- Nennung der tatsächlich eingetretenen Ereignisse.

Für den Abschlussbericht ist eine endgültige Risikobeurteilung des Projektes hinsichtlich Kosten, Terminplan und Leistung zu erstellen. Die gewonnenen Projekterfahrungen sind festzuhalten und die Kundenzufriedenheit festzustellen sowie Schlussfolgerungen für die Zukunft zu ziehen.

Analyse der Methoden

In diesem Kapitel wurden die geeigneten Methoden innerhalb der einzelnen Phasen des Risikomanagementprozesses für Projekten zur Implementierung integrierter betrieblicher Standardsoftware ermittelt. In der *Phase Chancen und Ziele bestimmen* wurde die Stakeholderanalyse als grundlegend herausgestellt, um Zielkonflikte offen zu legen. Die Nutzenkategorien Prozesseffizienz, Markteffizienz, Ressourceneffizienz, Delegationseffizienz und Motivationseffizienz wurden als Subziele für Softwareeinführungen abgeleitet. Weiter wurden Programm Management und Change Management zur Behandlung des Einflusses von Projektkontext auf die Projektziele vorgestellt. Abschließend wurden Kriterien eines erfolgreichen Projektes analysiert. Bei der Frage, unter welchen Bedingungen ein Projekt gestoppt werden sollte, wurde besonders der Faktor Qualität hervorgehoben.

In der Phase *Risiken identifizieren und klassifizieren* wurden im Wesentlichen die Expertenbefragung und die nominale Gruppentechnik als geeignet erachtet. Checklisten wurden auf Grund ihrer starren Form eher als nicht geeignet bewertet. Zur Strukturierung der Risiken wurden die Klassen Projekt, Produkt, Ressourcen, Technik und Change Management für Softwareprojekte bestimmt.

Im Rahmen der Phase *Risiken quantifizieren* wurden für die Eintrittswahrscheinlichkeit, die Schadenshöhe und die Dauer Bewertungsstufen festgelegt. Zur Risikobewertung wurde die Delphi-Methode in abgewandelter Form im Vergleich zur Monte-Carlo-Simulation sowie PERT und PEA als am geeignetsten beurteilt. Im Rahmen der Begrenzung der TCO wurde besonders auf die Risikomanagementkosten in Bezug auf den Projektlebenszyklus eingegangen. Zur Priorisierung der Risiken, aber auch zur projektinternen Überwachung hat sich das Risikoportfolio mit seiner Einteilung in Risikozonen als besonders geeignet herausgestellt.

Zur Planung von Maßnahmen wurden die Risikostrategien Akzeptieren, Vermeiden, Verringern, Versichern und übertragen vorgestellt. Ein wissensbasiertes System, das Erfahrungen vergangener Projekte transparent macht, wurde für die Planung der Maßnahmen ebenso hilfreich bewertet wie das Ishikawa-Diagramm, das Ursachen und Wirkungen von Risiken visualisiert. Das Entscheidungsbaumverfahren sowie die Optimierung von Maßnahmeneinsätzen durch Integration in die Projektplanung wurden aufgrund ihres Verhältnisses von Komplexität zu Ergebnis dagegen als weniger geeignet beurteilt.

Bei der Durchführung von Maßnahmen wurden vor allem Projektsteuerungsinstrumente als notwendig erachtet. Die Rollenverteilung zwischen den verschiedenen Partnern im Projekt und die Behandlung schwacher Signale für Risiken wurden zudem als nicht zu vernachlässigende Faktoren herausgestellt. Bei der Phase Überwachung und Risikobericht wurden die Risiko-/Chancenbetrachtung und die Visualisierung der Risikolage im zeitlichen Verlauf für die projektinterne und der Risikowert für die projektübergreifende Überwachung vorgestellt. Zudem wurde eine Risikokennzahl neu gebildet, um die Risikolage von Projekten im Vergleich zu anderen Projekten richtig einzuordnen, aber auch die Entwicklung der Risikolage im zeitlichen Verlauf des Projektes zu beobachten.

5 Analyse am Markt vorhandener Risikomanagementwerkzeuge

Unternehmen, die in den letzten Jahren ein softwarebasiertes Risikomanagementsystem implementiert haben, berichten über gute Erfahrungen, und zwar sowohl mit der Handhabung der Werkzeuge als auch mit der Nutzung der Ergebnisse. Durch die Transparenz der jeweils aktuellen Risiken steigt nach Ansicht der Nutzer die Chance für eine positive Entwicklung insgesamt [Ortn02].

Vor diesem Hintergrund wird in diesem Kapitel eine Analyse am Markt vorhandener Risikomanagementwerkzeuge vorgenommen. Ziel ist es, ein Werkzeug zu finden, mit dem Risikomanagement in Projekten zur Implementierung integrierter betrieblicher Standardsoftware gesteuert werden kann. Als Grundlage der Bewertung werden die in den vorherigen Kapiteln ermittelten Anforderungen verwendet.

In diesem Kapitel werden zum einen auf Projektwerkzeugen aufbauende Lösungen wie Risk+ und @Risk und zum anderen eigenständige Risikomanagementwerkzeuge wie RiskTrak und R2C analysiert. Die wesentlichen Ergebnisse der Analyse werden in einer vergleichenden Übersicht dargestellt und ihre Eignung für Risikomanagement in Projekten zur Implementierung integrierter betrieblicher Standardsoftware abschließend bewertet.

5.1 Analyse der auf Projektplanungswerkzeugen aufbauenden Lösungen Risk+ und @Risk

Risk+ [CS-S03] ist eine Lösung, die auf eine Integration in Microsoft® Project aufbaut. Hierzu wird in Microsoft® Project ein neuer Menüpunkt eingeführt (Bild 46). Schwerpunkt ist die Abbildung der Variationen in der Projektplanung durch die Monte-Carlo-Simulation (vgl. Abschnitt 4.3.3). Hierbei wird eine Zeit- und Kostenbetrachtung vorgenommen.

96   Analyse am Markt vorhandener Risikomanagementwerkzeuge

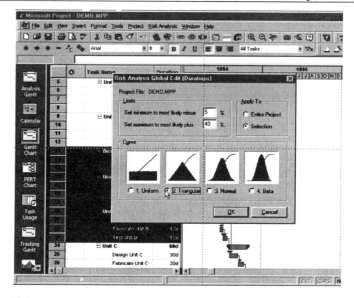

Bild 46 Darstellung der Risk Analysis im Risikomanagementwerkzeug Risk+

Das Werkzeug @Risk [Risk03] ist dagegen eine Lösung, die auf eine Integration in Microsoft® Excel aufbaut. @RISK hat ebenso wie Risk+ die Monte-Carlo-Simulation als Schwerpunkt. In einem ersten Schritt werden zu jedem Arbeitspaket Unsicherheiten und ihre Wahrscheinlichkeiten definiert. Folgende drei Limits sind anzugeben:

- Ein Preis.
- Ein Projektbudget mit Spielraum.
- Plankosten (target cost) ohne Spielraum.

Alle möglichen Risikoergebnisse werden dann aufgrund der Abhängigkeiten von Risiken gezeigt. @RISK bietet umfangreiche grafische Auswertungen (Bild 47). Die Funktion Zielsuche ermöglicht es, den einzusetzenden Wert zu ermitteln, um ein vorgegebenes Ziel zu erreichen. Eine Sensitivitätsanalyse zeigt, wie Änderungen in eingegebenen Werten die simulierten Ergebnisse beeinflussen. Grey [Grey95], der besonders auf die Monte-Carlo-Simulation eingeht, favorisiert so auch das Werkzeug @Risk.

Analyse am Markt vorhandener Risikomanagementwerkzeuge 97

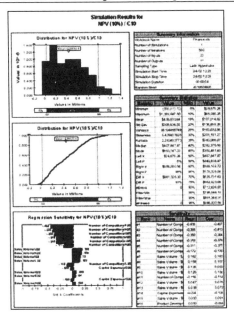

Bild 47 Darstellung der Berichterstattung im Risikomanagementwerkzeug @Risk

Da die Monte-Carlo-Simulation jedoch für Softwareprojekte nicht als die entscheidende Risikomethode ermittelt wurde (vgl. Abschnitt 4.3.3), bieten diese Werkzeuge mit Schwerpunkt auf die Variationen im Projektplan nicht die geeignete Unterstützung für das Risikomanagement in Projekten zur Implementierung integrierter betrieblicher Standardsoftware. Vielmehr interessiert ein Werkzeug, mit dem konkrete Risiken sowie ihre Ursachen und Maßnahmen erfasst werden können.

5.2 Analyse eigenständiger Risikomanagementwerkzeuge

5.2.1 Analyse des Risikomanagementwerkzeugs RiskTrak

RiskTrak von der Firma Risk and Service Technology [RSTe02] ist ein Windows-basiertes, netzwerkfähiges Werkzeug, um Risiken auf Projekt- und Programmebene zu managen. RiskTrak bietet ein kontinuierliches Risikomanagement, das aus den drei Bereichen *Assessment*, *Reporting* und *Management* besteht.

Der Bereich *Assessment* hat die IDEA™ Methode als Grundlage. Diese Methode identifiziert, definiert, schätzt und analysiert in einzelnen Schritten die Risiken in Projekten und Programmen. Zur Identifizierung der Risiken kann man mit dem Werkzeug zwischen folgenden verschiedenen Wegen wählen:

- *Experteninterview*: Fragenliste, die qualitative Antworten (Ja/Nein) in quantitative Antworten überleitet.

- *Import/Export files*: Wenn das Projekt bereits in einem anderen Werkzeug angelegt ist, kann das Projekt in das RiskTrak Projekt importieren werden. Per Drag und Drop können zudem Maßnahmen und Risiken von einem Projekt in ein anderes kopieren werden.

- *Risikoeditor*: Risiko wird mit Status, Strategie, Phase, Klasse, Verantwortliche, Eintrittswahrscheinlichkeit sowie voraussichtliche Kosten und Dauer in einem Editor pro PSP-Element beschrieben(Bild 48).

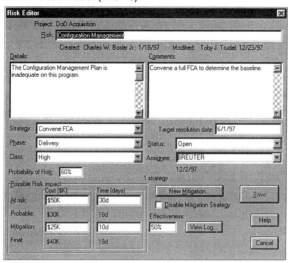

Bild 48 Darstellung des Risk Editor im Risikomanagementwerkzeug RiskTrak

Zur Bewertung der Risiken nach Eintrittswahrscheinlichkeit und Schadenshöhe steht nur eine qualitative Matrix zur Verfügung. Genauere quantitative Bewertungen sind nicht möglich. Auch werden Änderungen in der Bewertung nicht über die Zeit verfolgt und somit sind Bewertungen in RiskTrak nur statische Momentaufnahmen.

Vom Risikoeditor aus gelangt man in den Maßnahmeneditor (Bild 49). Hier werden die Maßnahmen beschrieben sowie die erwarteten Kosten, Dauer und Effektivität der Maßnahmen.

Analyse am Markt vorhandener Risikomanagementwerkzeuge

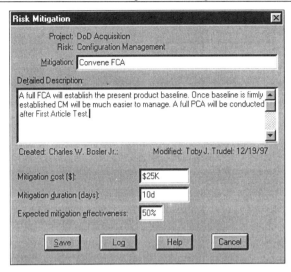

Bild 49 Darstellung des Risk Mitigation Editor im Risikomanagementwerkzeugs RiskTrak

Berichte bezüglich Risiken und Maßnahmen können durch Queries selber definiert werden. Auf Managementebene liegt ein Bericht auf Basis Kosten pro Kategorie vor. Es fehlt allerdings eine Darstellung im Risikoportfolio (vgl. Abschnitt 4.8.1) mit Eintrittswahrscheinlichkeit und Schadenshöhe.

RiskTrak bildet einige für Softwareprojekte herausgearbeitete Empfehlungen nicht ab. So fehlt eine projektübergreifende Überwachung mit Kennzahlen und eine klare Trennung der Phasen des Risikomanagementprozesses *Identifizierung* und *Planung von Maßnahmen* ist nicht vorhanden. Die Einordnung der Risiken in Risikoklassen und die Priorisierung der Risiken ist ebenso nicht möglich.

5.2.2 Analyse des Risikomanagementwerkzeugs R2C

Die Firma Schleuper AG [Schl03] hat die IT-Lösung R2C für Risikomanagement und Revision entwickelt, die auf Windows- und Web-Client aufbaut. Es handelt sich hierbei um ein Risiko-Chancen-Managementsystem, das prozessorientiert vorgeht. Zudem bietet R2C eine Lösung zur automatischen Befragung großer Personenkreise. Ein zentral gepflegter Fragenkatalog ermittelt Abweichungen bei der Risikoquantifizierung. Die Überwachung erfolgt über ein Risikoportfolio, wobei die wesentlichen Risikoinformationen, nach Risikokategorien sortiert, tabellarisch angeordnet werden. Es werden folgende sechs Risikokategorien unterschieden:

- externe Risiken,
- operationelle Risiken,

- finanzielle Risiken und
- Führung/Information.

Pro Kategorie wird dann nochmals in fünf bis zehn Unterkategorien unterschieden. Zu jeder Subkategorie sind folgende Punkte festgehalten:

- mögliche Risikoursachen,
- typische Frühwarnidentifikatoren,
- mögliche Maßnahmen sowie
- Beispiele und Standardfragen.

Das Konzept von R2C mit der Betonung auf Risikoursachen und Maßnahmen ist eher geeignet, Risikomanagement in Projekten zur Implementierung integrierter betrieblicher Standardsoftware zu steuern, als die in Kapitel 5.1 beschriebenen Lösungen. R2C hat jedoch einen starken auf Revision und Audit bezogenen Hintergrund und es fehlt die Möglichkeit des Projektbezuges. Zudem sind die in R2C festgelegten Risikoklassen für Softwareprojekte nicht geeignet.

Weitere Beispiele für unternehmensbezogene Risikomanagementwerkzeuge sind die prozessorientierte Umsetzung Process Risk Scout von IDS Scheer [IDSS03], das Risiko- und Chancen-Managementsystem CIM-RIMIS [AnEr03] von Antares Informationssysteme und Ernst & Young sowie das insbesondere für Wirtschaftsprüfer geeignete Risk Manager [CPCO03] von CP COOPERATE PLANNING. Sie werden in der vorliegenden Arbeit jedoch nicht näher untersucht, da mit dem fehlenden Bezug zum Projektplan bereits ein entscheidendes Kriterium für die Anwendung in Softwareprojekten nicht gegeben ist.

In diesem Kapitel wurde ein Vergleich von bereits bestehenden Werkzeuglösungen vorgenommen. Sie wurden für Softwareprojekte jedoch nicht als geeignet bewertet, weil sie sich entweder auf die Monte-Carlo-Simulation ohne Erfassung der konkreten Risiken oder generell auf Unternehmensrisiken ohne Verbindung zum Projektplan beziehen (Tabelle17). Einige wichtige Kriterien, wie die Abbildung des Risikoportfolios, die Strukturierung in für Softwareprojekte geeignete Risikoklassen sowie die Verfolgung der Höhe der einzelnen Risiken im zeitlichen Verlauf ist zudem in keinem der Werkzeuge realisiert.

Analyse am Markt vorhandener Risikomanagementwerkzeuge 101

	Risk+	@RISK	RiskTrak	R2C
Bezug zum Projektplan	Ja	Ja	Ja	Nein
Erfassung konkreter Risiken	Nein	Nein	Ja	Ja
Verfolgung der Höhe der einzelnen Risiken im zeitlichen Verlauf	Nein	Nein	Nein	Nein
Abbildung des Risikoportfolios	Nein	Nein	Nein	Nein
Strukturierung in für Softwareprojekte geeignete Risikoklassen	Nein	Nein	Nein	Nein

Tabelle 17 Vergleichende Übersicht am Markt vorhandener Risikomanagementwerkzeuge

6 Entwurf des Risikomanagementwerkzeugs RiskGuide

Da im vorherigen Kapitel kein am Markt vorhandenes Risikomanagementwerkzeug den Anforderungen an eine effektive Unterstützung für Risikomanagement in Projekten zur Implementierung integrierter betrieblicher Standardsoftware entsprach, wird in diesem Kapitel ein Konzept für das in der vorliegenden Arbeit neu erstellte Risikomanagementwerkzeug RiskGuide erstellt. Grundlage des Konzeptes sind die Ergebnisse der Umfrage (Kapitel 3) sowie die in der vorliegenden Arbeit vorgenommene Beurteilung der einzelnen Methoden des Risikomanagementprozesses (Kapitel 4).

Die Entwicklung von RiskGuide hat die Intention, Anwender gezielt durch einen auf Softwareprojekte abgestimmten Risikomanagementprozess zu führen. Durch eine einfache Bedienung soll es ermöglicht werden, Risikomanagement effektiv zu gestalten. RiskGuide ist webbasiert aufgebaut. Dies hat den Vorteil, dass es für die Anwender durch die Ortsunabhängigkeit leicht zugänglich ist. Die Daten aller Projekte werden als Grundlage für ein wissensbasiertes System in einer Datenbank zentral gesammelt. Hierdurch soll der Anwender die Möglichkeit erhalten, auf Erfahrungswissen von vergangenen Projekten zurückgreifen zu können.

Das Konzept für das Risikomanagementwerkzeug wird anhand der grafischen, objektorientierten Notation Unified Modeling Language (UML) dargestellt [OMG03]. Die Standardsprache UML wurde von den drei Hauptautoren aus folgenden Ansätzen entwickelt:

- Object Modeling Technik (OMT-Methode) von Rumbaugh [Rum+93],
- des Object-Oriented Software Engineering (OOSE-Methode) von Jacobsons [Jac+95] und
- der System Analysis (Booch-Methode) von Booch [Booc94].

Zum einen hatten sich ihre Methoden bereits unabhängig voneinander angenähert und zum anderen erschien es ihnen sinnvoll, eine gewisse Stabilität in den objektorientierten Markt zu bringen. Sie setzten sich bei der Entwicklung von UML folgende Ziele [Boo+99]:

1. Systeme von der ersten Idee bis zum ausführbaren Ergebnis mit objektorientierten Techniken zu modellieren.
2. Die Skalierbarkeit zu klären, die komplexen erfolgskritischen Systeme innewohnen.
3. Eine Modellierungssprache zu entwickeln, die sowohl von Menschen als auch von Rechnern benutzt werden kann.

In diesem Kapitel dienen die in ihrer Art unterschiedlichen Diagramme dazu, das System RiskGuide aus verschiedenen Perspektiven zu visualisieren. Mit der Modellierung der Klassendiagramme, Pakete und eines Objektdiagramms wird zunächst die grundlegende Struktur vorgestellt. Im zweiten Schritt wird mit den Anwendungsfalldiagrammen, den Interaktionsdiagrammen sowie den Aktivitäts- und Zustandsdiagrammen die dynamische Struktur dargelegt. Die Modellierung der Architektur beschreibt mit dem Komponentendiagramm und dem Einsatzdiagramm die physische Struktur von RiskGuide.

6.1 Grundlegende Strukturmodellierung des Werkzeugs RiskGuide

Im folgenden wird mit dem Klassendiagramm die statische Struktur des Systems modelliert. Die Elemente des Klassendiagramms werden anschließend in Pakete gruppiert und im Objektdiagramm konkret mit Ihren Zuständen und Beziehungen zu einem bestimmten Zeitpunkt dargestellt.

6.1.1 Klassendiagramme zur Darstellung der statischen Struktur

Das Klassendiagramm bildet die statische Struktur des Systems ab, das auf Klassen und den Beziehungen zwischen Klassen aufbaut. Diese Sicht unterstützt hauptsächlich die funktionalen Anforderungen an das System. Klassendiagramme sind die gebräuchlichsten Diagramme beim Modellieren objektorientierter Systeme. Per Definition ist ein Klassendiagramm ein Diagramm, das eine Menge von Klassen, Schnittstellen und Kollaborationen sowie deren Beziehungen zeigt [OMG03].

Folgende Bestandteile des Klassendiagramms werden in der vorliegenden Arbeit verwendet:

- Klassen,
- Schnittstellen,
- Abhängigkeiten,
- Assoziationsbeziehungen und
- Generalisierungen.

Klassen werden grafisch als Rechtecke mit den wichtigsten Teilen der Abstraktion wie Name, Attribut und ihre Operationen dargestellt. Die Abbildung von Schnittstellen kann in Form eines Lollis, der aus einer Seite der Klasse herausragt, oder als stereotype Klasse erfolgen. Die Darstellung als stereotype Klasse ermöglicht es, auch Operationen oder Signale der Schnittstelle zu visualisieren. In UML wird die Realisierungsbeziehung einer Schnittstelle zu einer Klasse durch einen offenen, gestrichelten Pfeil dargestellt. Dies entspricht auch der grafischen Darstellung von Abhängigkeiten.

Die Oberklasse/Unterklasse-Beziehung einer Generalisierung wird als Pfeil abgebildet. Die strukturierten Beziehungen zwischen Objekten heißen Assoziationen. Sie werden als Verbindungslinien dargestellt. Eine Form von Assoziation kann die Aggregation sein. Aggregationen werden durch eine Raute am Ende der Beziehung gekennzeichnet und stellen eine Ganzes/Teil-Beziehung dar.

Das in Bild 50 dargestellte Klassendiagramm umfasst den funktionalen Aufbau der Softwareanwendung RiskGuide. In Projekten zur Implementierung integrierter betrieblicher Standardsoftware hat sich zur Anwendung der Analogiemethode die Strukturierung in bestimmte logische Bereiche als geeignet herausgestellt (vgl. Abschnitt 3.1 und Abschnitt 4.2.2.4). So können die *Projekte,* für die Risikomanagement durchgeführt wird, nach *Branche, Größenkategorie* und *Umfang* unterteilt werden. Der *Bereich* und der *Projekttyp* sind Unterklassen der Klasse *Projekt* und dienen der weiteren Strukturierung. Die *Ziele und Chancen* des Projektes sind abhängig vom *Projekttyp* und dem *Bereich.* Jeder *Stakeholder* kann *Ziele und Chancen* haben sowie von *Risiken* betroffen sein (vgl. Abschnitt 4.1.1). Wobei die *Stakeholder* selbst wiederum nach der Rollenverteilung in Softwareprojekten die *Sponsoren*, das *Team*, die *Projektleitung*, der *Lenkungskreis* und *andere Beteiligte und Betroffene* des Projektes sein können (vgl. Abschnitt 2.3.2). Hierbei besteht die Möglichkeit, dass die *Projektleitung* den *Risikomanager* stellt oder dass ein separater *Risikomanager* gestellt wird (vgl. Abschnitt 3.1).

Bei jedem *Projekt* wird ein *Projektplan* erstellt und überwacht (vgl. Abschnitt 4.5.5). Die Projektstrukturplanelemente (*PSP-Elemente*) geben die Struktur des Projektplanes wieder. Da der *Projektplan* i.d.R. in einem separaten Werkzeug erstellt wird, ist es sinnvoll, seine *PSP-Elemente* über eine Schnittstelle zu importieren. *Risiken* und *Maßnahmen*, die von den *Stakeholdern* genannt werden, können grundsätzlich PSP-Elementen zugeordnet werden, zumindest auf der Stufe Top-PSP. Hierbei können sich *Risiken* und ihre zugehörigen *Maßnahmen* auf verschiedene *PSP-Elemente* beziehen [Ver+96]. Aus diesem Grund wird in *Ursache-PSP* und *Schadens-PSP* unterschieden. Jedes *Risiko* ist einer *Kategorie* und jede *Maßnahme* einer *Strategie* zuzuordnen. Diese Zuordnung bildet zudem die Grundlage, um im Rahmen eines wissensbasierten Systems die gewonnenen Erfahrungen zu nutzen (vgl. Abschnitt 4.5.4).

Sowohl für jedes *Risiko* als auch für jede *Maßnahme* findet eine *Bewertung* statt (vgl. Abschnitt 4.3). Bei der Maßnahmenbewertung wird die erwartete Risikohöhe nach Durchführung der Maßnahme beurteilt. Auf Grund der *Bewertung* kann die *Priorität* der Risiken vergeben werden. Aus der *Bewertung* der Risiken seitens des Teams und

Entwurf des Risikomanagementwerkzeugs RiskGuide

der Beurteilung des *Risikomanagers* kann dann die *Risikokennzahl* gebildet werden (vgl. Abschnitt 4.7.2).

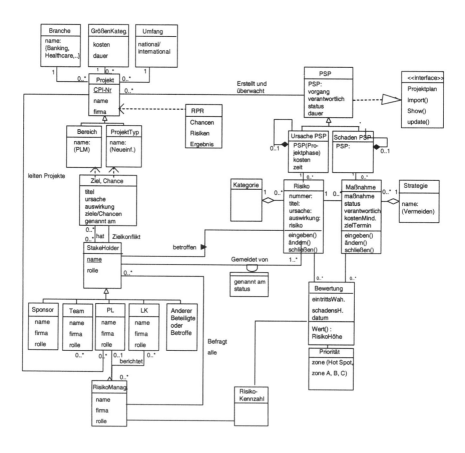

Bild 50   Klassendiagramm zur Darstellung des funktionalen Aufbaus des Werkzeugs RiskGuide

Das in Bild 51 gezeigte Klassendiagramm visualisiert die Funktionalität des Werkzeugs RiskGuide. Seine Klassen dienen als Grundlage zum Aufbau der Relationen der Datenbank. Zum Aufbau der einzelnen Screens von RiskGuide wird ein weiteres Klassendiagramm benötigt (Bild 50). Eine Klasse stellt jeweils ein Screen dar und die einzelnen Screens spiegeln hierbei die Prozessschritte des Risikomanagementprozesses in Projekten zur Implementierung integrierter betrieblicher Standardsoftware wider (vgl. Abschnitt 2.2.3).

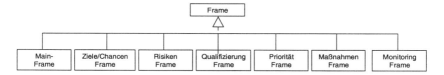

Bild 51 Klassendiagramm zur Darstellung der Screens des Werkzeugs RiskGuide

6.1.2 Pakete zur Strukturierung der Klassen

In der UML werden Pakete verwendet, um Modellelemente in Gruppen zu organisieren. Mit Hilfe der Pakete werden die modellierten Elemente, die als Gruppe behandelt werden können, in größeren Einheiten zusammengefasst. Pakete haben das Ziel, Modelle leichter verständlich zu organisieren.

Grafisch wird ein Paket als eine Akte mit Reiter dargestellt. Im Reiter steht der Name des Paketes und in der Akte selbst die erweiternden Angaben. Dies können z. B. Klassen, Schnittstellen, Knoten oder andere Pakete sein. Allerdings gehört jedes Element direkt genau zu einem Paket. Die Sichtbarkeit der zugehörigen Elemente eines Paketes wird mit + für *sichtbar* (public) und − für *unsichtbar* (protected) angegeben. Mit Import besteht die Möglichkeit, eine einseitige Zugriffsberechtigung für Elemente eines Paketes auf die Elemente eines anderen Paketes zu erteilen. In UML wird die Importbeziehung als Abhängigkeit modelliert, die mit dem Stereotyp *import* beschriftet wird.

In dieser Arbeit werden Pakete verwendet, um Modellelemente in Gruppen zusammenzufassen. Dies ist auch die häufigste Verwendungsform von Paketen. Alle Abstraktionen lassen sich leicht in Gruppen zusammenfassen; sie sind Mechanismen, um die Dinge in einem Modell zu organisieren [OMG03]. Pakete haben im Gegensatz zu Klassen keine Identität, sie sind im laufenden System nicht sichtbar.

Die in Bild 52 dargestellten Pakete umfassen die Modellelemente des Klassendiagramms. Das Klassendiagramm wurde in die vier Pakete *Projektkategorisierung, Projektplanung, Projektrollen* und *Risikomanagementprozess* abstrahiert. Sichtbare Elemente, die mit importiert werden können, sind bei der Projektkategorisierung das *Projekt* und die *Ziele/Chancen*, bei der Projektplanung die *PSP-Struktur* sowie bei den Projektrollen der *Projektleiter* und der *Risikomanager*. Im Paket Risikomanagementprozess sind das *Risiko*, die *Maßnahme* und die *Risikokennzahl* als sichtbar gekennzeichnet. Die Pakete Risikomanagementprozess und Projektkategorisierung sind jeweils abhängig von den Paketen Projektrollen und Projektplanung. In diese Pakete werden die sichtbaren Elemente der beeinflussenden Pakete importiert.

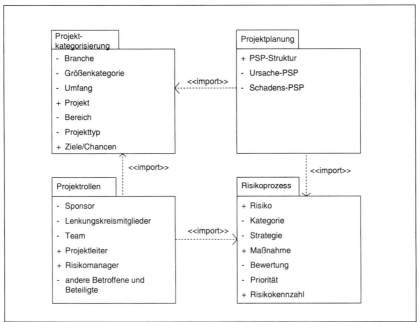

Bild 52 Pakete zur Strukturierung der Klassen des Werkzeugs RiskGuide

6.1.3 Objektdiagramm zur Modellierung der Instanzen

Objektdiagramme modellieren die Instanzen von Dingen, die in Klassendiagrammen enthalten sind [OMG03]. Dies bedeutet, dass Objektdiagramme Objekte konkret mit ihren Zuständen und Beziehungen zu einem bestimmten Zeitpunkt zeigen. Sie ermöglichen es, die statischen Aspekte der Klassendiagramme zu visualisieren.

Objektdiagramme bestehen aus rechteckigen Objekten und Verbindungslinien zur Darstellung der Beziehungen. Ein Objektdiagramm stellt hierbei im Wesentlichen eine Instanz des Klassendiagramms dar. Konkrete oder prototypische Instanzen werden hierbei in den Vordergrund gestellt. Diese Sicht unterstützt hauptsächlich die funktionalen Anforderungen an das System. Objektdiagramme zu modellieren bedeutet, zu einem bestimmten Zeitpunkt eine Momentaufnahme vom System zu machen. Für einzelne Klassen gibt es eine Vielzahl von möglichen Objekten und Beziehungen.

Entwurf des Risikomanagementwerkzeugs RiskGuide 109

Daher erscheint es sinnvoll, nur jeweils interessierende Mengen von konkreten oder prototypischen Objekten zu zeigen. Die Anzahl der Möglichkeiten ist also zu begrenzen. Das in Bild 53 dargestellte Objektdiagramm bildet einen Teil des Klassendiagramms ab und zwar die Pakete Projektplanung und Risikomanagementprozess. Objektdiagramme bieten die Chance, die Klassendiagramme zu verifizieren. Bei dieser konkreten Betrachtung sind die beiden Risiken *Performance* und *Entscheidungsfindung* herausgegriffen und in einem Objektdiagramm als ein Fallbeispiel dargestellt. Beide Risiken des Beispielprojektes sind unterschiedlichen Ursache-PSP zugeordnet und ihre jeweiligen Maßnahmen sind unterschiedlichen Schadens-PSP zugeordnet (vgl 4.5.5). Allerdings gehören die beiden Maßnahmen zur selben Strategie *Vermeiden* (vgl. Abschnitt 4.7.1). Die Kategorien und die Bewertung sind bei beiden Risiken wiederum unterschiedlich.

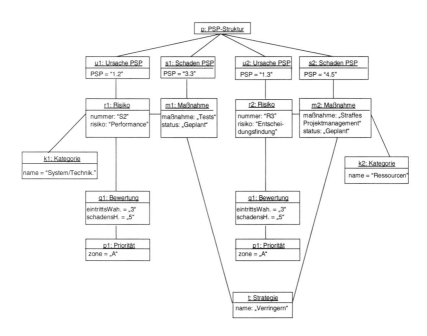

Bild 53 Objektdiagramm der Pakete Projektplanung und Risikomanagementprozess

6.2 Modellierung der dynamischen Struktur des Werkzeugs RiskGuide

Systeme haben ein gewisses Maß an Dynamik und diese Dynamik wird von Dingen verursacht, die intern oder extern ausgelöst werden können. Die dynamischen Diagramme bilden diese Interaktionen der Objekte einer Klasse ab. Nachrichten, die zwischen den Objekten ausgetauscht werden, oder das Erzeugen und Zerstören von Objekten können anhand dynamischer Diagramme dargestellt werden.

In diesem Abschnitt wird mit dem Anwendungsfalldiagramm der Kontext von RiskGuide aus Sicht der Anwender modelliert. Hierauf aufbauend werden die Interaktionsdiagramme erstellt. Das Sequenzdiagramme hebt hierbei die zeitliche Reihenfolge der Nachrichten und das Kollaborationsdiagramm die strukturelle Organisation der Objekte in RiskGuide hervor. Die Veränderungen der Objekte im Zeitablauf werden im Aktivitätsdiagramm und im Zustandsdiagramm gezeigt.

6.2.1 Anwendungsfalldiagramm zur Visualisierung des Kontextes

Das Anwendungsfalldiagramm ist die Darstellung des Systems in Bezug auf sein Verhalten. Der Kontext des Systems wird hierbei aus Sicht der Anwender modelliert. Das Anwendungsfalldiagramm gibt eine Außensicht auf das System, indem es das sichtbare Verhalten beschreibt und Interaktionen innerhalb der Elemente des Systems ausblendet. Es wird somit für Außenstehende leichter zugänglich und verständlich. Vor diesem Hintergrund können Anwendungsfalldiagramme gut als Grundlage für Testszenarien dienen.

Anwendungsfalldiagramme bestehen aus Akteuren, die als Strichmännchen dargestellt werden, aus Anwendungsfällen, die jeweils in einem Oval stehen, und aus Kollaborationen, die in einem gestrichelten Oval stehen. Die Beziehungen der Anwendungsfälle können wiederum wie im Klassendiagramm durch Generalisierung, Enthält- und Erweitertbeziehungen organisiert werden. Die Systemgrenze wird durch ein Rechteck symbolisiert.

Anwender können wie in Bild 54 dargestellt ein *Teammitglied*, der *Risikomanager*, ein *Sponsor* oder ein *Lenkungskreismitglied* sein. Hierbei ist der *Kunde* ein *Teammitglied* und der *Projektleiter* ein *Risikomanager*. Ein *Teammitglied* pflegt lediglich die Risiken, wobei der *Risikomanager* sie auch auswertet. *Lenkungskreis* und *Sponsor* werten die Risiken wiederum nur aus und pflegen sie nicht. Der *Risikomanager* arbeitet noch auf zwei andere Weisen als die anderen Beteiligten mit dem System. Er überarbeitet die Risiken, indem er z.B. doppelte zusammenfasst, und optimiert die Analogiemethode (vgl. Abschnitt 4.5.4).

Entwurf des Risikomanagementwerkzeugs RiskGuide 111

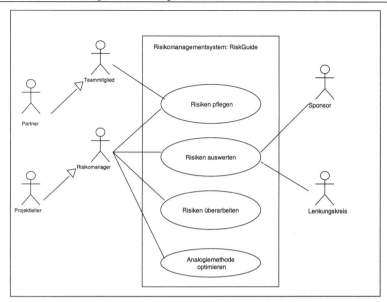

Bild 54 Anwendungsfalldiagramm in Bezug auf die Projektrollen im Werkzeug RiskGuide

In Bild 55 sind die Anwendungsfälle des Risikomanagementprozesses aufgeführt. Grundsätzlich wird in Anwendungsfällen bei Neuanlage (weiß) und bei Änderungen (grau) im Laufe der Zeit unterschieden. Gewisse Anwendungsfälle sind für andere Anwendungsfälle Voraussetzung, wie z. B. die Anlage der Kopfdaten vor der Hinterlegung der Risiken. Diese Abhängigkeiten werden durch *include* Beziehungen dargestellt.

112   Entwurf des Risikomanagementwerkzeugs RiskGuide

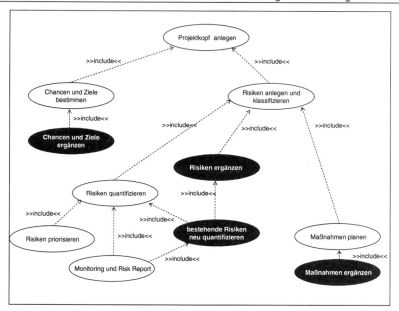

Bild 55 Anwendungsfalldiagramm im Bezug auf Neuanlage und Änderung im Werkzeug RiskGuide

6.2.2 Interaktionsdiagramme zur Modellierung der dynamischen Aspekte

Interaktionsdiagramme enthalten Objekte, Objektbeziehungen und Nachrichten. Sie sind im Wesentlichen eine Projektion der an der Interaktion beteiligten Elemente. Unter Interaktionsdiagramme sind auf der einen Seite die Sequenzdiagramme und auf der anderen Seite die Kollaborationsdiagramme zusammengefasst. Die Sequenzdiagramme sind Interaktionsdiagramme, die die zeitliche Reihenfolge der Nachrichten hervorheben. Die Kollaborationsdiagramme sind Interaktionsdiagramme, die die strukturelle Organisation der Objekte hervorheben. Ein Kollaborationsdiagramm beschreibt der Zusammenarbeit der Objekte bei der Erfüllung einer Aufgabe. Beide Diagramme sind semantisch äquivalent [OMG03].

Die grafische Darstellung des Sequenzdiagramms entspricht einem Diagramm, das die Objekte entlang der x-Achse und die Zeit entlang der y-Achse (von oben nach unten) visualisiert. Das Kollaborationsdiagramm ist dagegen grafisch eine Sammlung von Knoten und Kanten. Sequenzdiagramme unterscheiden sich von Interaktionsdiagrammen durch ihre Objektlinien und den Kontrollfokus. Die Objektlinie ist eine senkrecht gestrichelte Linie, die die Existenz eines Objektes während eines Zeitraums darstellt [OMG03]. Objekte können während einer Interaktion erzeugt oder zerstört

Entwurf des Risikomanagementwerkzeugs RiskGuide 113

werden. Der Kontrollfokus ist ein schmales Rechteck, das den Zeitraum anzeigt, in dem ein Objekt eine Aktion ausführt.

Der erste Schritt im Sequenzdiagramm (Bild 56) zum Risikomanagementprozess ist *Risiko pflegen.* Dieser Schritt geht vom Objekt *Stakeholder* aus und bezieht sich auf das Objekt *Identifizierung.* Der nächste Schritt *Risiko bewerten* bezieht sich auf das Objekt *Quantifizierung.* Zur Laufzeit dieses Objektes findet der Schritt *Risiken priorisieren* statt, d.h. das identifizierte Risiko wird bei der Sortierung der gesamten Risiken nach Priorität berücksichtigt. Der Schritt *Maßnahmen planen* erfolgt auf das Objekt *Maßnahmen.* Vom Objekt *Maßnahmen* erfolgen die Schritte *Maßnahmen managen* und *Bewertung* sowie *Risiko schließen.* Der Prozess der Risikobewertung ist nicht statisch, so kann im Laufe der Zeit ein Risiko anders bewertet und neue Maßnahmen geplant werden.

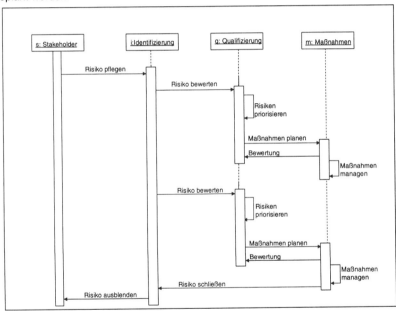

Bild 56 Sequenzdiagramm zur Führung durch den Risikomanagementprozess im Werkzeug RiskGuide

Kollaborationsdiagramme beinhalten sowohl eine Beschreibung der statischen Struktur der Objekte als auch eine Darstellung der Folge von Nachrichten, die zwischen diesen Objekten übermittelt werden. Die grafische Darstellung des Kollaborationsdiagramms (Bild 57) erfolgt nicht wie im Sequenzdiagramm mit einer Zeitachse, sondern mit Nachrichtennummern. Unterpunkte stellen hierbei eine Schachtelung dar. Die Objektbeziehungen werden explizit im Kollaborationsdiagramm gezeigt und Pfeile geben hierbei den Nachrichtenfluss wieder. Die alternativen Pfade einer Verzweigung werden also nicht mehr als separate Nachricht dargestellt.

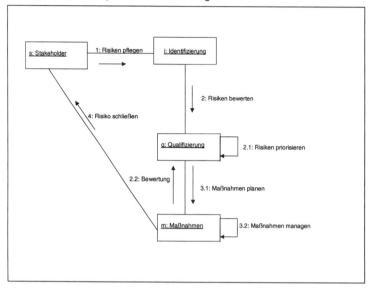

Bild 57 Kollaborationsdiagramm zur Führung durch den Risikomanagementprozess im Werkzeug RiskGuide

6.2.3 Aktivitätsdiagramme zur Darstellung des Kontrollflusses zwischen Aktivitäten

Aktivitätsdiagramme sind weitere Diagramme, die die dynamischen Aspekte eines Systems modellieren. Ein Aktivitätsdiagramm ist im Wesentlichen ein Flussdiagramm, das die stattfindenden Aktivitäten im Zeitablauf zeigt. „Unter diesem Gesichtspunkt sind Aktivitätsdiagramme mit PERT-Diagrammen verwandt." [Boo+99] In der Regel gehört hierzu die Modellierung der nacheinander oder auch nebeneinander erfolgenden Schritte in einem Verarbeitungsprozess. Es kann auch ein Ablauf dargestellt werden, in dem ein Objekt sich an verschiedenen Stellen in unterschiedlichen Zuständen befindet. Während Interaktionsdiagramme (vgl. Abschnitt 6.2.2) den Kontrollfluss zwischen Objekten hervorheben, gehen Aktivitätsdiagramme auf den Kontrollfluss zwischen Aktivitäten ein. Hierbei wird unter einer Aktivität ein andauernder Ablauf in einem Automaten verstanden, der letztendlich zu einer Aktion führt, die eine Zustandsänderung des Systems bewirkt.

Aktivitätsdiagramme bestehen i.d.R. aus Objekten, Aktivitätszuständen und Aktionszuständen. Sie können einfache und zusammengesetzte Zustände sowie Verzweigungen, Aufspaltungen und Zusammenführungen enthalten. Grafisch wird ein Aktionszustand durch eine Pastillenform, Zustandsübergänge durch einen Pfeil, und Verzweigungen durch eine Raute dargestellt. Das Aufspalten und Zusammenführen paralleler Kontrollflüsse wird durch Synchronisationsbalken mit einer dicken Linie modelliert. Durch senkrechte, durchgezogene Linien (swimlane) können Verantwortlichkeitsbereiche abgeteilt werden.

Aktionszustände können im Gegensatz zu Aktivitätszuständen nicht zerlegt werden. Die Arbeit eines Aktionszustandes wird durch das Auftreten eines Ereignisses nicht unterbrochen. „Ein Ereignis ist eine Spezifikation eines Vorkommens, dass an einem bestimmten Zeitpunkt an einem bestimmten Ort eintritt." [OMG03] Weil zudem angenommen wird, dass die Arbeit in einem Aktionszustand eine vernachlässigbare Ausführungszeit erfordert, werden Aktionszustände auch als *atomar* bezeichnet. Ein Aktionszustand kann man sich als einen Spezialfall eines Aktivitätszustandes vorstellen. Aktivitätszustände sind zunächst nicht atomar und so wäre ein Aktionszustand ein Aktivitätszustand, der nicht weiter zerlegt werden kann.

In Bild 58 sind die Verantwortungsbereiche *Team*, *Risikomanager* und *Sponsor/Lenkungsausschuss* unterteilt. Der Risikomanager startet das Projekt im Risikomanagementsystem und pflegt zunächst die *Titelseite* mit den Rahmendaten zum Projekt. Der gesamte Risikomanagementprozess, beginnend bei Ziele eingeben bis hin zu Maßnahmen eingeben, kann im Verantwortungsbereich des Teams liegen. Der Risikomanager würde dann parallel *Zielkonflikte identifizieren* und die *Eingaben überarbeiten*, indem er Doppelnennungen zusammenfasst oder Ergänzungen vornimmt. Sponsor und Lenkungsausschuss haben die primäre Verantwortung, die Risiken auszuwerten, um fundierte Entscheidungen bezüglich des Projektes treffen zu können. Ein Risiko ist so lange offen, wie der Risikomanager nicht die Aktion *Risiko schließen* vornimmt. Der Risikomanager kann die *Analogiemethode optimieren*, indem er Risiken zusätzlich in die Erfahrungsdatenbank aufnimmt.

116　　　　　　　　　　　　　Entwurf des Risikomanagementwerkzeugs RiskGuide

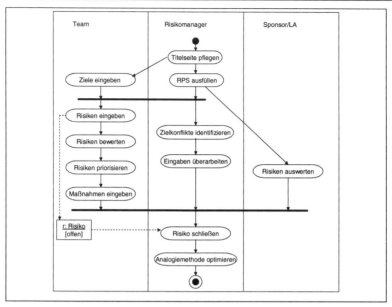

Bild 58　Aktivitätsdiagramm zur Darstellung des Kontrollflusses des Risikomanagementprozesses im Werkzeug RiskGuide

6.2.4 Zustandsdiagramme zur Darstellung des Kontrollflusses zwischen Zuständen

Ein Zustandsdiagramm zeigt einen Automaten. Ein Automat (state machine) ist ein Verhalten, das die Folge von Zuständen spezifiziert, die ein Objekt im Laufe seines Lebens als Reaktion auf Ereignisse annehmen kann. Der Kontrollfluss von Zustand zu Zustand wird in diesem dynamischen Diagramm dargestellt. Ein Aktivitätsdiagramm ist ein Spezialfall eines Zustandsdiagramms, in dem fast alle Zustände Aktivitätszustände sind. Es werden meistens reaktive Objekte modelliert, deren Verhalten eine Reaktion auf ein Ereignis ist, das außerhalb seines Kontextes liegt. Zustandsdiagramme können zu Klassen, Anwendungsfällen oder ganzen Systemen erstellt werden.

Zustandsdiagramme enthalten i.d.R. einfache und zusammengesetzte Zustände sowie Zustandsübergänge mit Ereignissen und Aktionen. Ein Zustand (state) ist eine Situation im Leben eines Objektes, die herrscht, während es eine Bedingung erfüllt, eine Aktion ausführt oder auf ein Ereignis wartet. Zustandsänderungen sind asynchrone Ereignisse. Sie repräsentieren Ereignisse, die zu einem beliebigen Zeitpunkt eintreten können. Grafisch wird ein Zustand als ein Rechteck mit abgerundeten Ecken und ein Zustandsübergang durch einen durchgezogenen Pfeil dargestellt.

In Bild 59 ist das Zustandsdiagramm der Klasse Risiko dargestellt. So können Risikonummer und Bezeichnung der Klasse Risiko den Zustand *Eingabebereit*, *Anzeigen* oder *Ausblenden* haben. Auslösende Ereignisse sind hierbei der Aufruf oder Wechsel eines *Frames*, das Setzen des *Status abgeschlossen* oder der Aufruf der *Analogiemethode*.

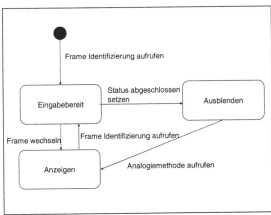

Bild 59 Zustandsdiagramm der Klasse Risiko des Werkzeugs RiskGuide

In Bild 60 ist das Zustandsdiagramm der Anwendungsfälle *Risikopflege* und *Maßnahmenplanung* abgebildet. Der Risikomanagementprozess startet mit dem Pflegen der Startseite. Im Zustand Risikopflege ist der Risikostatus zunächst *aktiv*. Der Risikostatus kann von hier aus *inaktiv* wechseln oder durch die Maßnahmenplanung auf *inaktiv* gesetzt werden. Vom Zustand Risiko aktiv wird in die Planung der Maßnahmen gewechselt. Im Zustand Maßnahmenplanung ist die Maßnahme zum Risiko zunächst offen. Nach Planung der Maßnahme kann diese in den Zustand *Maßnahme geplant* und von hier aus entweder in den Zustand *Maßnahme erfolgreich* oder *Maßnahme nicht erfolgreich* übergehen. Nachdem der Zustand *Maßnahme nicht erfolgreich* gesetzt ist, ist vor Abschluss der *Maßnahmenplanung* der Zustand *Maßnahme aus heutiger Sicht* zu setzen. Der Zustand *Maßnahme erfolgreich* führt direkt zum Abschluss der *Maßnahmenplanung*. Das Verlassen des Zustandes *Maßnahmenplanung* führt zum Zustand *Risiko inaktiv* in der *Risikopflege*.

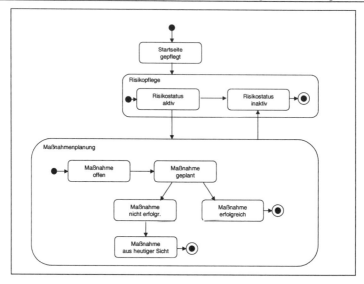

Bild 60 Zustandsdiagramm in Bezug auf den Risikomanagementprozess des Werkzeugs RiskGuide

6.3 Modellierung der Architektur des Werkzeugs RiskGuide

Zur Modellierung der physischen Struktur von objektorientierten Systemen gibt es zwei Arten von Diagrammen, das Komponentendiagramm und das Einsatzdiagramm.

In diesem Abschnitt wird mit dem Komponentendiagramm die physische Sicht von RiskGuide visualisiert. Es stellt die Organisation der Komponenten in RiskGuide sowie die Abhängigkeiten zwischen ihnen dar. Mit dem Einsatzdiagramm wird die statische Einsatzsicht von RiskGuide modelliert und somit die Zusammenhänge zwischen Hardware und Software aufgezeigt.

6.3.1 Komponentendiagramm zur Visualisierung der physischen Aspekte

Ein Komponentendiagramm stellt die physische Sicht der logischen Entwürfe dar, indem es die Organisation von Komponenten sowie die Abhängigkeiten zwischen ihnen zeigt. Unter Komponenten sind in diesem Zusammenhang austauschbare Teile eines Systems zu verstehen, die den Spezifikationen von Schnittstellen genügen und diese Schnittstellen realisieren. Mit Komponenten können Dinge, die sich an einem Knoten[4] befinden können, wie ausführbare Dateien, Bibliotheken, Tabellen und Dokumente

---

[4] Ein Knoten ist ein physisches Element, das zur Laufzeit Rechnerressourcen verbraucht.

Entwurf des Risikomanagementwerkzeugs RiskGuide 119

modelliert werden. Komponentendiagramme werden eingesetzt, um die statische Implementierungssicht eines Systems zu visualisieren.

In der Regel enthalten Komponentendiagramme neben den Komponenten auch Schnittstellen, Abhängigkeits-, Generalisierungs-, Assoziations- und Realisierungsbeziehungen. Die Beziehung zwischen Komponenten und Schnittstellen ist wichtig, da alle verbreiteten komponentenbasierten Betriebssystemfunktionen Schnittstellen verwenden, um die Komponenten zu verbinden [OMG03]. Ziel ist es, dass das System durch Hinzufügen neuer Komponenten oder Ersetzen älterer weiterentwickelt werden kann. Grafisch wird eine Komponente als ein Rechteck mit Riegeln dargestellt. Weitere Elemente des Komponentendiagramms können Tabellen, Schnittstellen, Datenbanken und Internetseiten sein.

Im Komponentendiagramm (Bild 61) dient die Komponente Microsoft® Project der Projektplanung, die Komponente SAP®-Projektsystem als Datensammler und die Komponente Riskguide der Risikosteuerung. Über die SAP®-Schnittstelle Open PS können Projektpläne, die in Microsoft® Project erstellt wurden, standardmäßig in das SAP®-Projektsystem im- und exportiert werden. Der Java Connector ermöglicht es, die Risiken in Riskguide auf die in Microsoft® Project eingegebenen Projektstrukturplanelemente zu beziehen. Es ist aber auch möglich, nur mit der Komponente Riskguide zu arbeiten. In Bild 61 sind nur die wichtigsten Tabellen dargestellt, um die Übersichtlichkeit zu bewahren. Ausgeführt wird RiskGuide über Internetseiten; hierbei beinhaltet die Seite header.htm die links zu den folgenden Seiten.

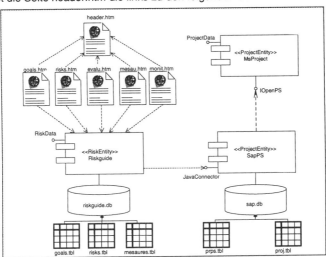

Bild 61 Komponentendiagramm des Werkzeugs RiskGuide

6.3.2 Einsatzdiagramm zur Modellierung der statischen Einsatzsicht

Einsatzdiagramme (deployment diagrams) werden verwendet, um die statische Einsatzsicht eines Systems zu modellieren. Schwerpunkt sind die Verteilung, Auslieferung und Installation der physischen Teile des Systems. Ist die Software über mehrere Prozessoren verteilt, so unterstützen Einsatzdiagramme beim Verständnis der Zusammenhänge zwischen Hardware und Software im System. Einsatzdiagramme zeigen die Konfiguration der verarbeitenden Knoten zur Laufzeit sowie die Komponenten, die auf ihnen eingesetzt werden. In der Regel gehört dazu, die Visualisierung der Topologie der Hardware, auf der die Software entwickelt und ausgeführt wird.

Einsatzdiagramme sind im Wesentlichen Klassendiagramme, bei denen die Knoten eines Systems im Mittelpunkt stehen. Sie enthalten meistens Knoten sowie Abhängigkeits- und Assoziationsbeziehungen. Einsatzdiagramme können aber auch Komponenten enthalten, solange sie sich auf einem Knoten befinden. Der Unterschied zwischen Knoten und Komponenten (vgl. Abschnitt 6.3.1) ist, dass Komponenten sich an der Ausführung eines Systems beteiligen und Knoten dagegen Komponenten ausführen. Grafisch wird ein Knoten als Würfel dargestellt.

Das Einsatzdiagramm zu RiskGuide in Bild 62 besteht aus den Knoten SAP® Web Application Server, einem Server mit der Komponente SapPS und einen Client mit der Komponente MSProject. Der SAP® Web Application Server bietet eine homogene Infrastruktur für ABAP genauso wie für J2EE-basierte Anwendungen. Wobei der im folgendem Kapitel beschriebene Prototyp zu RiskGuide in JAVA entwickelt wurde. Der SAP® Web Application Server ist eine Weiterentwicklung der klassischen dreistufigen Client/Server-Technologie mit Präsentationsebene, Applikationsebene und Datenbankebene [SAP01]. Der SAP®-Kernel wurde um einen Prozess erweitert, den Internet Communication Manager (ICM). Mit dem SAP® Web Application Server können sowohl server- als auch clientseitige Webanwendungen implementiert werden.

Der ICM ermöglicht es, Anfragen aus dem Internet direkt zu bearbeiten. Die Bearbeitung der Anfrage kann u.U. ganz im ICM abgewickelt werden, meist wird jedoch zur Abwicklung das SAP R/3® System benötigt. Das Werkzeugkonzept zu RiskGuide sieht allerdings eine Stand-alone-Version des SAP® Web Application Servers ohne integriertem SAP® R/3 vor. Die Abwicklung der Anfragen erfolgt über die Workprozesse in Riskguide. Der notwendige Datenaustausch zwischen dem ICM und den Workprozessen erfolgt über die so genannten Memory Pipes.

Entwurf des Risikomanagementwerkzeugs RiskGuide 121

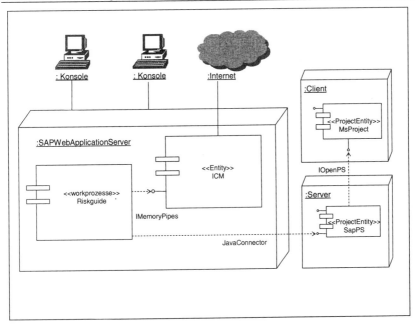

Bild 62 Einsatzdiagramm des Werkzeugs RiskGuide

In diesem Kapitel wurde das Konzept für das Risikomanagementwerkzeug RiskGuide anhand der grafischen, objektorientierten Notation UML dargestellt. RiskGuide wurden hierbei mit der statischen Struktur, der dynamischen Struktur und der physischen Struktur aus verschiedenen Perspektiven visualisiert.

Die statische Struktur des Werkzeugs RiskGuide wurde durch Klassendiagramme zum funktionalen Aufbau und zum Aufbau der Screens dargestellt. Das Klassendiagramm zum funktionalem Aufbau wurde dann anhand der Pakete Projektkategorisierung, Projektplanung, Projektrollen und Risikoprozess gruppiert. Als Beispiel zur Modellierung von Instanzen wurden die Pakete Projektplanung und Risikomanagementprozess in einem Objektdiagramm dargestellt. Zur Visualisierung des Kontextes von RiskGuide wurden zwei Anwendungsfalldiagramme erstellt. Das Erste geht auf die Rollen im Softwareprojekt ein und das Zweite unterscheidet die Anwendungsfälle Neuanlage und Änderung. Zur Modellierung der dynamischen Struktur wurden die Führung durch den Risikomanagementprozess mit einem Sequenzdiagramm und einem Kollaborationsdiagramm verdeutlichen. Zur Darstellung des Kontrollflusses wurde der Risikomanagementprozess anschließend durch ein Aktivitätsdiagramm visualisiert. Abschließend erfolgte die Modellierung der Architektur des Werkzeugs Riskguide in Form eines Komponentendiagramms und eines Einsatzdiagramms.

7 Einsatz des Werkzeugs RiskGuide und Evaluierung des Verfahrens

Auf Grundlage des in Kapitel 6 erstellten Konzeptes zu RiskGuide wurde mit Unterstützung der Firma SAP® ein Prototyp aufgebaut, um zu demonstrieren, wie Risikomanagement in Projekten zur Implementierung integrierter betrieblicher Standardsoftware gesteuert werden kann. Die Darstellung des Prototyps erfolgt in diesem Kapitel anhand einer exemplarischen Anwendung.

Ziel ist es, den ersten Prototyp zu RiskGuide zu einem einsatzfähigen Werkzeug weiterzuentwickeln und in der Praxis für große Softwareprojekte durchgehend einzusetzen. Das Werkzeug RiskGuide ist in Englisch verfasst, damit es in einem weiteren Schritt global eingesetzt werden kann.

In diesem Kapitel wird zunächst der Einstieg und die Startseite demonstriert. Danach erfolgen für die einzelnen Phasen des Risikomanagementprozesses die Beschreibung der in Abschnitt 6.1.1 konzipierten Screens in RiskGuide. Hierbei werden zum einen die Bedeutungen der einzelnen Felder und zum anderen die in Abschnitt 6.2.2 konzipierten dynamischen Aspekte dargelegt. Anschließend wird ein erster Ansatz zu einem wissensbasierten System vorgestellt und die Tragfähigkeit des Verfahrens anhand eines internationalen SAP®-Projektes evaluiert.

7.1 Einstieg in das Werkzeug RiskGuide

Das Risikomanagementwerkzeug RiskGuide ist webbasiert aufgebaut, da es einem breiten Benutzerkreis zur Verfügung stehen soll und sich in Projekten die Projektmitglieder nicht immer an ihrem Arbeitsplatz befinden. Es wäre deshalb hinderlich, wenn das Werkzeug an die Installation an einen bestimmten Arbeitsplatz gebunden wäre.

Der Einstieg in das Werkzeug RiskGuide bietet die Auswahl an, ob ein neues Projekt angelegt wird, für das Risikomanagement durchzuführen ist oder ob das Risikomanagement eines aktuellen Projektes ergänzt werden soll (Bild 63). Zudem können bestehende Projekte bereits von der Startseite aus ausgewertet werden.

124   Einsatz des Werkzeugs RiskGuide und Evaluierung

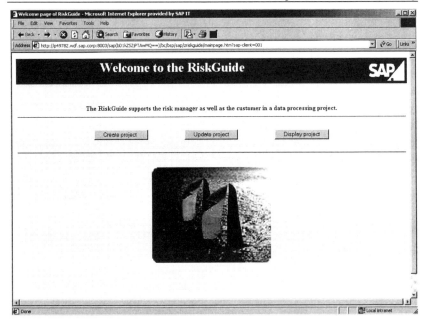

Bild 63 Darstellung des Screens Start (start.htm) im Werkzeug RiskGuide

Wird ein Projekt neu hinzugefügt, so sind die Rahmenbedingungen des Projektes zu hinterlegen (Bild 64). Diese Angaben sind erforderlich, um die Grundlagen für ein wissensbasiertes Risikomanagement zu bilden (vgl. Abschnitt 4.5.4). Die Pflege der Grunddaten unterteilt sich in Felder, die nur eindeutig durch eine begrenzte Selektionsmenge gefüllt werden können und in Felder, die frei eingebbar sind (vgl. Abschnitt 6.1.1). Frei eingebbar sind die Felder *Project title, Project number* und *Company* sowie die Namen der Personen, die gewisse Rolle (vgl. Abschnitt 2.3.2) im Projekt innehaben. Bei *Project area* ist als einziges Feld eine Mehrfachselektion gegeben (Bild 64). In der in Abschnitt 3.1 beschriebenen Umfrage wurden die Art der durchgeführten Projekte ermittelt und daraufhin die Selektionsmenge für folgende Felder festgelegt:

- Industrial sector: Aerospace & Defense, Automotive, Banking, Engineering & Construction, Financial Service Provider, Health Care, Oil & Gas, Public Sector, Retail, Service Provider, Telecommunications,
- Project type: Implementation, Release Upgrade, Template,
- Contract type: Fixed Price, Time and Material, Combination of both,
- Project scope: National, International and

Einsatz des Werkzeugs RiskGuide und Evaluierung 125

- Amount: up to 5 Mio Euro, 5 – 10 Mio Euro, more than 10 Mio Euro.

Im Sinne eines effektiven Werkzeugeinsatzes ist zu vermeiden, dass die selben Daten eines Projektes in verschiedene Werkzeuge eingegeben werden. Neben dem Zeitaufwand für die Doppelarbeit und der Fehleranfälligkeit stößt diese Arbeit bei den Anwendern auf Widerstände. Deshalb besteht die Idee, in einem weiteren Schritt zu ermöglichen, diese Rahmendaten aus vorgelagerten Systemen zu importieren. Die Nummerierung der Projekte folgt deshalb mit externer Nummernvergabe. Handelt es sich nicht um ein einzelnes Projekt, sondern um ein gesamtes Programm mit mehreren Projekten, so ist im Rahmen der Weiterentwicklung des ersten Prototypen vorgesehen, neben der Projektnummer noch eine Programmnummer zu vergeben. Auf diese Weise kann Risikomanagement für das jeweilige Projekt (Programm und Projektnummer) und für das gesamte Programm (Programmnummer ohne Projektnummer) durchgeführt werden.

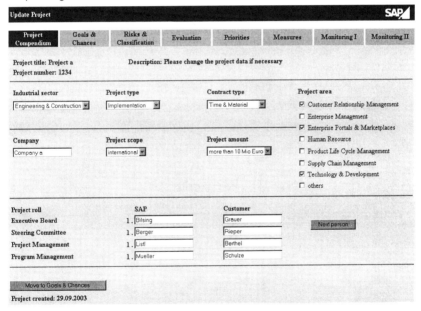

Bild 64 Darstellung des Screens Kopfdaten (header.htm) im Werkzeug RiskGuide

7.2 Führung durch den Risikomanagementprozess im Werkzeug RiskGuide

7.2.1 Ziele und Chancen im Werkzeug RiskGuide hinterlegen

Die Ziele und Chancen, die bei der Stakeholderanalyse (vgl. Abschnitt 4.4.1) ermittelt wurden, werden im Werkzeug Riskguide auf dem Screen *Goals & Chances* festgehalten. Zur einfachen Identifizierung erhalten sie neben einer Nummer auch einen Titel. Die Nummerierung der Ziele und auch im folgenden der Risiken erfolgt intern. Eine Trennung zwischen Ursache und Auswirkung bei der Eingabe soll zu einer differenzierten Betrachtung führen. Im Feld *Ursache* können Hintergrundinformationen und Zusammenhänge beschrieben werden, um einer möglichen Komplexität bei der Chancenbetrachtung gerecht zu werden. Die Stakeholder selber können auf diesem Screen mit Namen und Funktion im Unternehmen angegeben werden.

Die als Subziele für Softwareeinführungen abgeleiteten Nutzenkategorien Prozesseffizienz, Markteffizienz, Ressourceneffizienz, Delegationseffizienz und Motivationseffizienz können durch das Feld *Category* zugeordnet werden (vgl. Abschnitt 4.1.2). Liegt bei einem Ziel ein Konflikt mit anderen Zielen vor, so kann der Zielkonflikt im Feld *Conflict of aims* explizit festgehalten werden. Dies ist zum einen sinnvoll, weil jeder Konflikt eine Quelle für Risiken sein kann, und zum anderen, weil ausgewiesene Konflikte das Verhalten von Stakeholdern erklären können.

Das Werkzeug RiskGuide bietet grundsätzlich zur Datenpflege die Eingabe über Einzeleinträge pro Ziel, Risiko oder Maßnahme an. Zudem besteht in jedem Screen jedoch auch die Möglichkeit in eine Tabellensicht zu wechseln und so einen Überblick über die erfassten Daten zu erhalten.

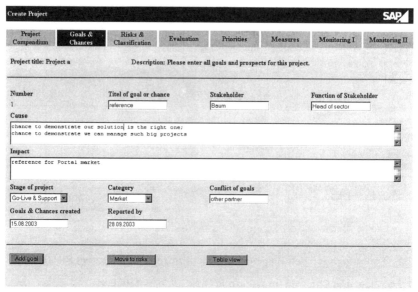

Bild 65 Darstellung des Screens Ziele & Chancen (goal.htm) im Werkzeug RiskGuide

7.2.2 Identifizierte Risiken im Werkzeug RiskGuide hinterlegen

Die Webseite *Risks* des Werkzeugs RiskGuide bietet die Möglichkeit, die identifizierten Risiken strukturiert zu erfassen (Bild 66). Der Titel gibt das Risiko in Form eines signifikanten Wortes wieder. Dies erleichtert bei der Überwachung der Risiken, die entsprechenden Punkte schnell einzuordnen. Die Risikoklassen *Projekt, Technical, Ressource, Product, Change management* oder *Internal* können im Feld Risk category zugeordnet werden (vgl. Abschnitt 4.2.3). Die Kategorie *Internal* ist durch ein Passwort geschützt. Auf diese Weise wird es den verschiedenen Partnern ermöglicht, ein gemeinsames Risikomanagementwerkzeug zu verwenden und trotzdem dem Interesse, bestimmte Risiken nicht allen zugänglich zu machen, gerecht zu werden (vgl. Abschnitt 5.6.3).

Neben den Feldern Ursache und Auswirkung, die analog zum Screen Goals & Chancen zu pflegen sind (vgl. Abschnitt 7.2), ist die Projektphase, bei der mit einem möglichem Eintreten des Risikos gerechnet wird, für die Risikobetrachtung relevant (vgl. Abschnitt 4.5.5). Die Projektphase kann direkt eingegeben werden oder aus einem importierten Projektplan zugeordnet werden (vgl. Abschnitt 6.3.1). Für die Risikoverfolgung ist zudem interessant, wer welches Risiko zu welchem Zeitpunkt genannt hat.

Die in Abschnitt 4.3.1 dargestellte Berücksichtigung der zeitlichen Komponente in der Risikobewertung erfordert im Screen *Risks* die Eingabe des Erstellungsdatums und des Datums, an dem mit dem Eintritt des beschriebenen Risikos gerechnet wird. Hieraus kann dann die Risikoeintrittsdauer errechnet werden. Die Handlungsdauer kann bei der Hinterlegung einer Maßnahme zu dem entsprechenden Risiko im Screen *Measures* angeben werden.

Auf dem Screen Risk wurde bewusst auf die Hinterlegung eines Status verzichtet. Die Statusvergabe erfolgt erst auf dem Screen *Measures*, da für den Aufbau eines wissensbasierten Systems die Angabe, ob eine Maßnahme erfolgreich war oder nicht, relevant ist. Wird auf dem Screen Maßnahmen ein Risiko geschlossen, so ist das Risiko auch auf dem Screen *Risks* auch nicht mehr zu sehen, sondern nur noch über die Berichterstattung auswertbar.

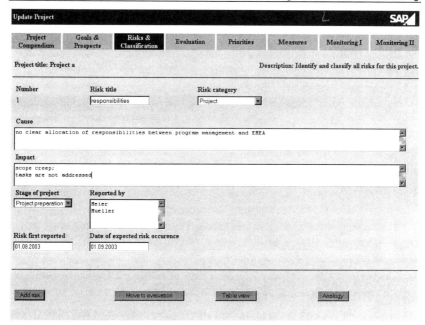

Bild 66 Darstellung des Screens Risiken (risks.htm) im Werkzeug RiskGuide

7.2.3 Quantifizierung der Risiken im Werkzeug RiskGuide hinterlegen und Risikolage darstellen

Auf dem Screen *Evaluation* des Werkzeugs RiskGuide erfolgt die Quantifizierung der Risiken (Bild 67). Pro vorgegebenes Risiko ist die qualitative Bewertung der Eintrittswahrscheinlichkeit und der Schadenshöhe einzugeben (vgl. Abschnitt 4.3.1). Der sich aus den beiden Faktoren ergebene *Risk value* wird in einem nicht änderbaren Feld eingeblendet. Die mehrfache Bewertung eines Risikos durch verschiedene Stakeholder ist hierbei möglich. Werden unterschiedliche Bewertungen abgegeben, so erscheint im Feld *Risk Value* in dem Screen Priority der Mittelwert. Pro Risikoklasse wird in der Tabellensicht die Summe des Risk Values angezeigt.

Beurteilt der Risikomanager ein Risiko anders als die Gruppe, so hat er die Möglichkeit, seine qualitative Bewertung ebenso zu integrieren, ohne dass die Gruppenbewertung überschrieben wird. Die Bewertung des Risikomanagers geht hierbei zu 40 Prozent und die des Teams zu 60 Prozent in die in Abschnitt 4.8.2 neu entwickelte Risikokennzahl ein.

Werden im Laufe der Zeit zu einem Risiko die Bewertungen überschrieben, so kann durch eine Historienverwaltung die Entwicklung der Bewertung verfolgt werden (vgl.

Einsatz des Werkzeugs RiskGuide und Evaluierung 129

Abschnitt 4.8.1). Der Anwender hat so den Vorteil, eine einfache Bedienung in Kombination mit einer komplexen Auswertung zu verbinden.

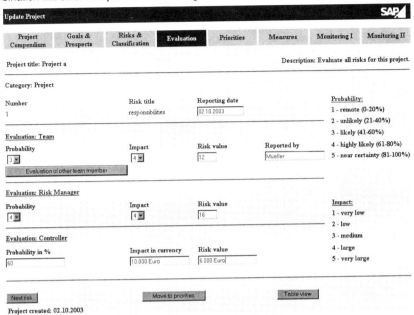

Bild 67 Darstellung des Screens Bewertung (evaluation.htm) im Werkzeug RiskGuide

Ein Beispiel der Darstellung des Risikoportfolios zur projektinterne Überwachung der Risikolage im Werkzeug RiskGuide wird im Bild 68 gezeigt.

130 Einsatz des Werkzeugs RiskGuide und Evaluierung

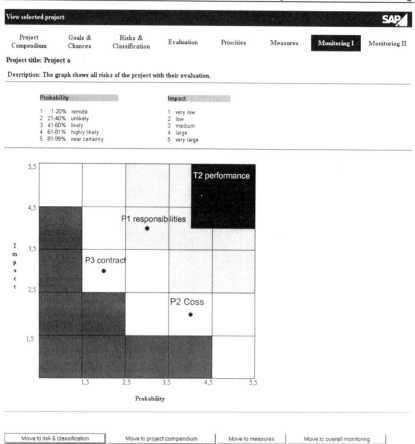

Bild 68 Darstellung des Screens Überwachung (monotoring.htm) im Werkzeug RiskGuide

Neben der qualitativen Bewertung besteht für eine detaillierte Betrachtung der Risikokosten die Möglichkeit, die Risiken quantitativ zu bewerten. Die zusätzlich angegebenen quantitativen Bewertungen dienen der genaueren Planung der Projektkosten (vgl. Abschnitt 4.3.2.5). Das Projektcontrolling sollte jedoch nicht im Risikomanagementwerkzeug erfolgen, sondern mit dem Projektmanagementwerkzeug verbunden sein.

Die Summe der bei der quantitativen Risikobewertung hinterlegten Kosten entspricht den *geplanten Kosten für bekannte Risiken* (Bild 69). Dieser Wert kann in die Kostenplanung des Projektes übernommen werden, und zwar pro PSP-Element, wenn das Risiko einem PSP-Element zugeordnet wurde. Ebenso können die geplanten

Kosten für Maßnahmen auf dem Screen *Mitigate* in die Projektkostenplanung übernommen werden (vgl. Abschnitt 7.6). Sind Maßnahmen geplant, dann kann die Summe der Kosten für die Maßnahmen sowie der erwartete Risikowert nach der Maßnahme übernommen werden.

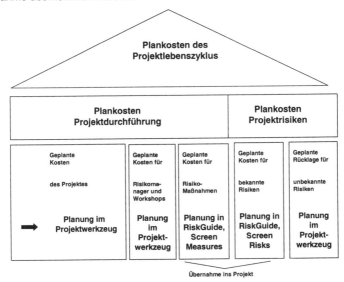

Bild 69 Werkzeugbezogene Darstellung der Kosten des Projektlebenszyklus

7.2.4 Priorisierung der Risiken im Werkzeug RiskGuide erfassen

Bei der Priorisierung der Risiken wird die Reihenfolge der zu behandelnden Risiken ermittelt und somit die Grundlage für die Planung und Durchführung der Maßnahmen gebildet. Auf dem Screen *Priorities* des Werkzeugs RiskGuide werden die qualitativen Risikobewertungen des Screen *Evaluation* im Anzeigemodus übernommen (Bild 70). Die Priorisierung der Risiken erfolgt zunächst automatisch durch die vorherige Bewertung. Die angezeigte Reihenfolge kann jedoch in der Spalte *Priority* überschrieben werden.

Die Darstellung der Risiken auf dem Screen Priorities erfolgt klassenübergreifend, wobei jedes Risiko mit seiner Nummer und seinem Titel eingeblendet wird. Die Risiken werden nach ihrer Höhe sortiert in Risikozonen angezeigt (vgl. Abschnitt 4.4.1). Nicht bewertete Risiken erscheinen in der Klasse *Open*, damit die fehlende Bewertung nicht übersehen werden kann. Wird eine Priorisierung geändert, so kann durch den Button *Sort by new priority* die neue Sortierung angezeigt werden.

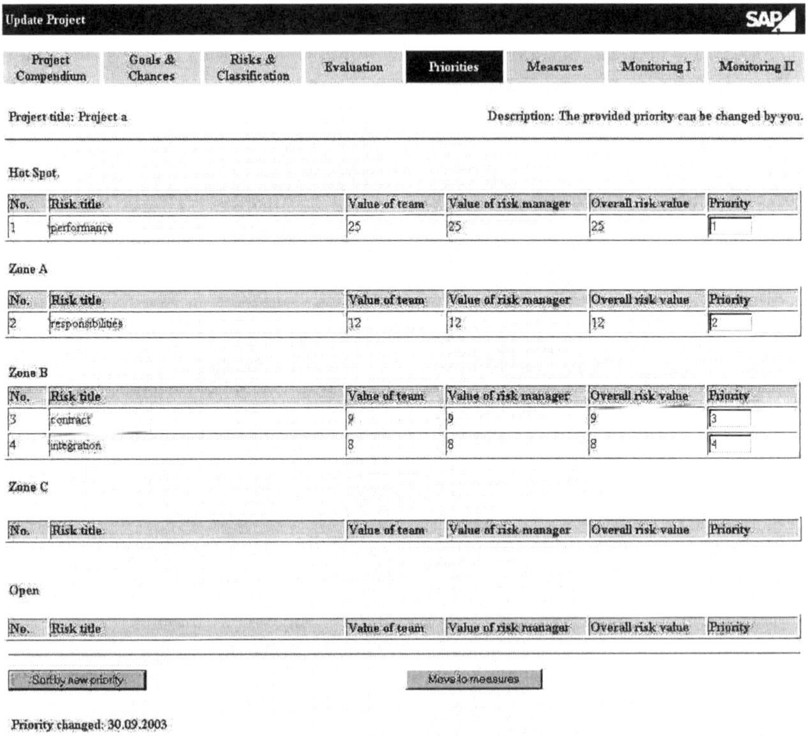

Bild 70 Darstellung des Screens Priorisierung (priorities.htm) im Werkzeug RiskGuide

7.2.5 Planung der Maßnahmen im Werkzeug RiskGuide hinterlegen

Zur Hinterlegung der geplanten Maßnahmen wird im Screen *Measures* der Risikotitel und die Risikoklasse aus den vorherigen Risikomanagementphasen eingeblendet (Bild 71). Um eine Maßnahme zu beschreiben, ist jeweils die Angabe der Strategie der Maßnahme (vgl. Abschnitt 4.5.1), der Status und ein beschreibender Text erforderlich.

Als Status besteht die Möglichkeit zwischen *Open*, *Plan*, *Successful* oder *Not* successful zu wählen (vgl. Abschnitt 6.2.4). Wird eine neue Maßnahme in RiskGuide erfasst, so hat sie zunächst den Status *Open*; soll sie durchgeführt werden, so erhält sie den Status *Plan*. Ist die Maßnahme durchgeführt, so wird an Stelle des Status *Closed*, die Unterteilung in Successful und *Not* successful vorgenommen. Dies hat den Vorteil, dass die Beurteilung der Maßnahme als Erfahrungsgrundlage für weitere Projekte genutzt werden kann (vgl. Abschnitt 4.5.4).

Die Informationen, wer für die Maßnahme verantwortlich ist, ist zur effektiven Projektsteuerung notwendig (vgl. Abschnitt 5.6.1). Um die Durchführung der Maßnahme zu steuern, ist zudem hilfreich, die Kosten für eine Risikoreduktion sowie deren erforderliche Dauer mit Zieltermin, das Datum, wann die Maßnahme erstellt wurde und die Bewertung des Risikos nach der Maßnahme anzugeben (vgl. Abschnitt 4.5.5). Wird eine Maßnahme geplant, die ein Sekundärrisiko auslösen kann, so sind diese Risiken auf dem Screen Risks zu erfassen (vgl. Abschnitt 4.5.1). Wird diese Maßnahme trotz des Sekundärrisikos geplant, so ist das Sekundärrisiko zusätzlich als Risiko in RiskGuide im Screen *Risks* zu erfassen.

Mit *Add measure* können zu jedem Risiko weitere Maßnahmen hinterlegt werden. In der Tabellensicht werden nur die Maßnahmen angezeigt, die den Status *Open* oder *Plan* haben, alle anderen Maßnahmen sind über den Button *Analogy* auszuwerten (vgl. Abschnitt 4.2.2.4).

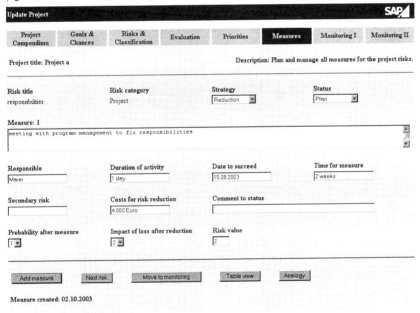

Bild 71 Darstellung des Screens Maßnahmen (measures.htm) im Werkzeug RiskGuide

7.3 Grundlage zu einem wissensbasierten Risikomanagement in RiskGuide

Das wissensbasierte Risikomanagement soll Unterstützung leisten, um Risiken und Maßnahmen ähnlicher Projekte zu ermitteln und so Erfahrungswissen zu nutzen (vgl. Abschnitt 4.5.4). Die erste Grundlage hierzu ist in Form einer komplexen Suchfunktion aufgebaut. Diese Suchfunktion ist zum einen von dem Screen *Risks* und zum anderen von dem Screen *Mitigate* des Werkzeugs RiskGuide aus aufrufbar. Durch das Drücken des Button ‚Analogy' wird eine erste Selektionsmaske angezeigt, die die Auswahl ähnlicher Projekte ermöglicht (Bild 72). Die Feldinhalte werden aus dem aktuellen Projekt übernommen, können aber überschrieben oder gelöscht werden. Dies kann erforderlich sein, wenn eine übergreifende Auswertung gefragt ist.

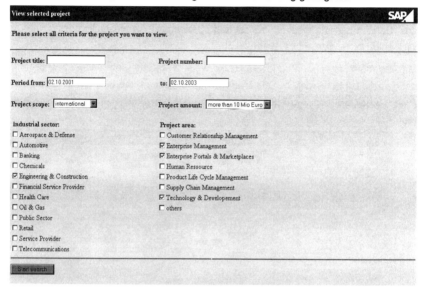

Bild 72 Darstellung der Projektselektion im Werkzeug RiskGuide

Die Auswertung der Suchabfrage listet dann die zu vergleichenden Projekte mit Projektnamen, Projektnummer, Bereich, Projekt Typ, Vertragsart, Firma, Umfang und Größe auf (Bild 73). Anhand eines Ankreuzfeldes können die Projekte dann ausgewählt werden, bei denen eine Detailsicht gewünscht ist.

Einsatz des Werkzeugs RiskGuide und Evaluierung 135

Update Project

Please choose one project for detailed viewing.

	Project name	Project number	Industrial sector	Project type	Contract type	Company	Project scope	Project amount
○	InesTest	10	Aerospace & Defense	Implementation	Combination of both	baf	international	Up to 5 Mio Euro
○	Muster	12	Aerospace & Defense	Implementation	Combination of both	Firma XY	international	5 - 10 MIO EURO
○	Project	1235	Engineering & Construction	Implementation	Time & Material	Company	international	more than 10 Mio Euro
○	Project a	1234	Engineering & Construction	Implementation	Time & Material	Company a	international	more than 10 Mio Euro
○	Project A	1235	Engineering & Construction	Engineering & Construction	Time & Material	Company a	international	more than 10 Mio Euro
○	Test	4711	Public Sector	Implementation	Time & Material	Test	international	UP TO 5 MIO EURO

Detailed project viewing

Bild 73 Darstellung der ausgewählte Projekte im Werkzeug RiskGuide

Die Detailsicht der Risiken listet zunächst alle Risiken des ausgewählten Projektes auf (Bild 74). Für alle weiteren Informationen ist es von diesem Screen aus möglich, das Risiko direkt aufzurufen. Das Risiko wird dann analog des Screens *Risks* (Bild 66) angezeigt.

Update Project

For the project *Project a* were the following risks acquired.
Description: Please choose one risk you want to change or evaluate.

Risk category: Change Management

No.	Risk title	Stage of project	Reported by	Risk first reported	Date of expected risk occurance

Risk category: Product / Solution

Risk category: Project

○	1	budget	Final preparation	Zimmermann	28.06.2003	25.09.2003
○	2	contract	Business Blueprint	Hansen	30.09.2003	30.09.2003
○	3	responsibilies	Please select	Meier Mueller	01.08.2003	01.09.2003

Risk category: Resources

○	4	integration	Business Blueprint	Bilsing	18.07.2003	27.09.2003
○	5	taining	Final preparation	Schneider	30.09.2003	30.09.2003

Risk category: System / Technical

○	6	performance	Go-Live & Support	Baum	30.09.2003	30.09.2003
○	7	security	Go-Live & Support	Dummy	30.09.2003	30.09.2003
○	8	single sign on	Business Blueprint	Schmidt	29.09.2003	29.09.2003

Change the chosen risk | Add new risk | Move to evaluation

Bild 74 Darstellung der Risikoübersicht zu einem Projekt im Werkzeug RiskGuide

Die Übersicht der in einem Projekt geplanten Maßnahmen besteht aus *Risk title*, *Measure*, *Strategy*, *Secondary risk* und *Status*.

Als Grundlage eines wissensbasierten Systems ist spätestens zum Projektabschluss die nächste Stufe der Risikoklassifizierung mit den Unterklassen auf der Webseite *Risks* zu pflegen (vgl. Abschnitt 4.5.4). Ein wissensbasiertes System kann dann Fragen anhand dieser Struktur stellen. Durch die Verbindung der Risikoklassen mit den Projektphasen in Form einer Matrix können so Wissensgebiete selektiv abgefragt werden.

7.4 Evaluierung des Verfahrens anhand eines internationalen SAP®-Projektes

Die Realisierungsmöglichkeit des Verfahrens wurde anhand eines internationalen SAP®-Projektes bei einem großen SAP®-Kunden evaluiert. Ziel des Projektes ist es, ein zentral angebotenes Portal für alle Mitarbeiter zu erstellen. Eingeführt werden sowohl Standardkomponenten als auch Neuentwicklungen. Der Fokus des Risikomanagementprozesses lag in der ersten Phase auf drei Teilprojekten in Deutschland und den USA. Der Anwendungsfall wurde zunächst mit den Stakeholdern seitens der SAP® durchgeführt. Im zweiten Schritt ist die Integration der Stakeholder auf Kundenseite geplant.

Die Phase *Ziele und Chancen* wird beim traditionellen Risikomanagement oft übersprungen. Es hat sich im Anwendungsfall gezeigt, dass gerade die Offenlegung von Zielkonflikten zur Bewusstseinsbildung beiträgt und den Umgang mit Risiken erleichtert. Die zentrale und strukturierte Erfassung der Risiken in der Phase *Risiken identifizieren und klassifizieren*, hat dazu geführt, dass 25 Prozent der Risiken reduziert werden konnten. Grund war, dass Risiken mehrmals unter verschiedenen Beschreibungen erfasst waren oder die genaue Trennung zwischen Problem und Risiko eine Reduzierung der Risiken bewirkte. Zudem wurde durch die gemeinsame Pflege einer Risikoliste mit dem Zugriff aller Teilnehmer auf dieselben Informationen zum ersten Mal ein einheitliches Verständnis für die Risikolage des Projektes hergestellt.

Eine *Risikobewertung* wurde traditionell anhand der drei Stufen *hoch, mittel, niedrig* vorgenommen. Die genaue Bewertung von Eintrittswahrscheinlichkeit und Schadenshöhe ermöglichte, eine Rangfolge der Risiken festzulegen. Durch diese differenzierte Betrachtung im Risikoportfolio konnten die wichtigsten Risiken vorrangig bearbeitet werden. Die *Planung der Maßnahmen* wurde zuvor in Statusberichten festgehalten. Durch die Sammlung an einer zentralen Stelle konnten sie nun besser verfolgt und so Eskalationen vermieden werden.

Neu war auch der Einsatz einer *Risikokennzahl*. Da im Projektverlauf neue Risiken hinzukommen und andere geschlossen werden, war es traditionell schwer möglich zu ermitteln, ob sich die Risikolage insgesamt verbessert oder verschlechtert hat. Die gebildete Kennzahl hat sich hierfür gerade aus Sicht des Managements als geeignet herausgestellt.

In diesem Kapitel wurde anhand exemplarischer Abläufe die Durchführung des Risikomanagementprozesses mit dem webbasiertem Werkzeug RiskGuide beschrieben. Nach der Demonstration des Einstiegs und der Startseite erfolge die Beschreibung der einzelnen Screens in RiskGuide, die den Risikomanagementprozess wiederspiegeln. Anschließend wurde ein erster, ausbaufähiger Ansatz zu einem wissensbasierten System in Form einer komplexen Suchfunktion vorgestellt.

Die Tragfähigkeit des Verfahrens wurde anhand eines internationalen SAP®-Projektes evaluiert. Hierbei hat sich das Verfahren in einer ersten Erprobung durch die Offenlegung der Zielkonflikte, die zentrale Sammlung aller Risiken und die genauere Risikobewertung bewährt. Die gebildete Risikokennzahl wurde aus Sicht des Managements ebenfalls als geeignet beurteilt.

8 Zusammenfassung und Ausblick

Die Durchführung von Risikomanagement in Projekten zur Implementierung integrierter betrieblicher Standardsoftware ist in Unternehmen nicht Standard. Allerdings wird die Notwendigkeit hierzu sowohl bei den Involvierten als auch beim Gesetzgeber gesehen. Aufgrund geringer gesetzlicher Vorgaben besteht jedoch ein großer Spielraum bei der Gestaltung eines Risikomanagementsystems. In der vorliegenden Arbeit wurde auf die Frage, wie eine effektive methodische Unterstützung für Risikomanagement in Softwareprojekte zu gestalten ist, ein erster Lösungsansatz entwickelt.

In Bezug auf Projekte zur Implementierung integrierter betrieblicher Standardsoftware wurden die Risikomanagementphasen Chancen und Ziele bestimmen, Risiken identifizieren und klassifizieren, Risiken quantifizieren, Risiken priorisieren, Maßnahmen planen, Maßnahmen managen sowie Überwachung und Risikobericht festgelegt. Die in der Literatur vorhandenen Risikomanagementmethoden wurde analysiert und ihre Eignung für Softwareprojekte anhand der Umfrageergebnisse bezüglich des Risikomanagements in SAP®-Projekten kritisch gewürdigt. Ein wesentliches Ergebnis der Umfrage war, dass die meisten Befragten Softwareprojekte i.d.R. nicht mit Netzplänen planen und so Methoden wie Monte-Carlo-Simulation und PERT für die Quantifizierung von Risiken ausscheiden. Ebenso hat sich das Entscheidungsbaumverfahren aufgrund der geringen Anzahl geplanter Maßnahmen pro Risiko als nicht praxistauglich herausgestellt. Zur Strukturierung der Risiken wurden dagegen die Klassen Projekt, Produkt, Ressourcen, Technik und Change Management für Softwareprojekte bestätigt.

In der Phase Chancen und Ziele bestimmen wurde die Stakeholderanalyse als geeignet bewertet, da sie die unterschiedlichen Interessenlagen der Projektbeteiligten und -betroffenen dargelegt und so Chancen, aber auch Zielkonflikte transparent macht. In der Phase Risiken identifizieren und klassifizieren wurden die Expertenbefragung und die nominale Gruppentechnik aufgrund der hohen Interaktion der Teilnehmer als geeignet bewertet. Checklisten haben sich dagegen auf Grund ihrer starren Form als weniger angebracht herausgestellt.

Im Rahmen der Phase Risiken quantifizieren wurde auf die Kosten des Projektlebenszyklus eingegangen und Kriterien für die qualitative Bewertung der Eintrittswahrscheinlichkeit und der Schadenshöhe vorgenommen. Zur Priorisierung der Risiken, aber auch zur projektinternen Überwachung hat sich das Risikoportfolio mit seiner Einteilung in Risikozonen als besonders zweckdienlich herausgestellt. Zur Planung von Maßnahmen wurden die Risikostrategien Akzeptieren, Vermeiden, Verringern,

Versichern und Übertragen vorgestellt. Das Ishikawa-Diagramm wurde aufgrund der geeigneten Visualisierung für die Planung als hilfreich bewertet. Ein wissensbasiertes System wurde ebenso als geeignet beurteilt, da es Erfahrungen vergangener Projekte transparent macht. Die Optimierung von Maßnahmeneinsätzen durch Integration in die Projektplanung wurde dagegen aufgrund des Verhältnisses von Komplexität zu Ergebnis als weniger geeignet erachtet.

In der Phase Durchführung von Maßnahmen wurden vor allem Projektsteuerungsinstrumente als erforderlich herausgearbeitet. Für die Phase Überwachung und Risikobericht wurde neu eine Risikokennzahl gebildet, um die Entwicklung der Risikolage im zeitlichen Verlauf des Projektes zu beobachten, aber auch, um die Risikolage von Projekten im Vergleich zu anderen Projekten richtig einzuordnen.

Bevor ein eigenes Risikomanagementwerkzeug in der Notation Unified Modeling Language entworfen und in Java ein Prototyp aufgebaut wurde, wurde eine Analyse der am Markt vorhandenen Werkzeuglösungen vorgenommen. Sie wurden allerdings für Softwareprojekte als nicht geeignet erachtet. Gründe waren z.B. der fehlende Projektbezug oder die ungeeignete Abbildung der Monte-Carlo-Simulation. Das entwickelte Risikomanagementwerkzeug RiskGuide wurde webbasiert aufgebaut und hat so den Vorteil, das es unabhängig vom Arbeitsplatz aufgerufen werden kann. Weniger erfahrene Personen werden durch den Risikomanagementprozess geführt und können so schnell effektiv arbeiten. Alle Projektrisiken werden in RiskGuide in einer Datenbank zentral gesammelt und so kann das Wissen aus anderen Projekten zur Verfügung gestellt werden. Bei der Evaluierung anhand eines internationalen SAP®-Projektes hat sich das Verfahren in einer ersten Erprobung bewärt. Besonders die Offenlegung der Zielkonflikte, die zentrale Sammlung aller Risiken und die genauere Risikobewertung hat den Umgang mit Risiken erleichtert. Die gebildete Risikokennzahl wurde aus Sicht des Managements ebenfalls als geeignet beurteilt.

In RiskGuide wurden die wesentlichen funktionalen Anforderungen abgebildet. Offen ist jedoch noch eine weitere Verifizierung des Verfahrens in der Praxis. Hier ist gerade die Datensammlung von zahlreichen Projekten erforderlich, um die Nutzenpotentiale des wissensbasierten Systems und der Überwachung zu ermitteln und weiterzuentwickeln. Bei der Überwachung interessiert besonders die Anwendbarkeit des projektübergreifenden Vergleichs und der Entwicklung der Risiken im Laufe der Zeit. Hier ist auch die Frage, ob die entwickelte Risikokennzahl ausreicht oder weitere zu bilden sind. Ebenso ist das Thema Umgang mit Komplexität gerade im Zusammenhang der Abhängigkeit von Risiken bisher nicht abschließend behandelt.

Literaturverzeichnis

[AnEr03] *Antares Informationssysteme; Ernst & Young (Hrsg.)*: CIM-RIMIS: Risiko- und Chancen-Management mit Balanced Scorecard. http://www.antares-is.de/, Abruf am 2003-08-01.

[APM97] *U.K. Association for Project Management (Hrsg.)*: Project risk analysis and management guide. High Wycombe 1997. http://www.apmgroup.co.uk/ Abruf am 2003-05-15.

[ASNZ99] *AS/NZS 4360: 1999:* Risk Management. Australian/New Zealand Standard 1999.

[Bart00] *Bartsch-Beuerlein, S.:* Qualitätsmanagement in IT-Projekten: Planung – Organisation - Umsetzung. Hanser, München 2000.

[BeRa01] *Ben-David, I; Raz, T.:* An integrated approach for risk response development in project planning. In: Journal of Operational Research Society. 2001. S. 14 – 25.

[Birk02] *Birkenbihl, V.:* Fragetechnik ... schnell trainiert: das Trainingsprogramm für Ihre erfolgreiche Gesprächsführung. 13. Aufl., mvg-Verlag, Landsberg am Lech 2002.

[Boeh91] *Boehm, B. W.:* Software Risk Management: Principles and practices. In: IEEE Computer Society Press: Washington, Vol. 8, Nr.1, 1991, S.32-41.

[Booc94] *Booch, G.:* Object-Oriented Analysis and Design with Applications. 2. Aufl., Benjamin / Cummings, Redwood City (Calif.) 1994.

[Boo+99] *Booch, G.:* Rumbaugh, J.; Jacobson, I.: Das UML-Benutzerhandbuch. Addison-Wesley, Bonn 1999.

[Brau76] *Braun, H.-G.:* Nutzentheorie und Nutzenanalyse: Eine erneute Betrachtung der ökonomischen Wertlehre. Universität Stuttgart 1976.

[Brod94] *Brodbeck, F.:* Produktivität und Qualität in Software-Projekten. Oldenbourg, München 1994.

[Bul+97] *Bullinger, H.-J.; Wörner, K.; Prieto, J.:* Wissensmanagement heute, Daten, Fakten, Trends. Frauenhofer Institut. Stuttgart 1997.

[Cart95] *Carter, B.; Hanpack, T.;Morin, J.; Robins, N.:* Introducing RISKMAN Methology: The European Project Risk Management Methology. NCC Blackwell, Oxford 1995.

[ChWa97] *Chapmann, C.; Ward, S.:* Project Risk Management: Processes, Techniques and Insights. Wiley, West Sussex 1997.

[ChWa03] *Chapmann, C.; Ward, S.:* Transforming project risk management into project uncertainty management. In: Information & Management Nr. 3, 2003, S. 1-9.

[CoSh97] *Conrow, E.; Shishido, P.:* Implementing Risk Management on Software Intensive Projects. In: IEEE Software: 1997, S. 83 – 89.

[Cpco03] *CP COOPERATE PLANNING (Hrsg.):* Risk Manager. http://www.cooperate-planning.com/ Abruf am 2003-08-01.

[CS-S03] *CS-Solution(Hrsg.):* Risk+. http://www.cs-solutions.com/products-/risk_plus.html, Abruf am 2003-03-05.

[DIN90] *DIN69905:1990:* Projektwirtschaft - Projektabwicklung - Begriffe. 1990.

[Dreg00] *Dreger, W.:* Erfolgreiches Risiko-Management bei Projekten. Expert-Verlag, Renningen 2000.

[Eich96] *Eichhorn, J.:* Chancen und Risikomanagement im Innovationsprozeß. Lang, Frankfurt a.M. 1996. (Univ., Diss.)

[ESII02] *ESI International (Hrsg.):* Risikomanagement für Projektmanager. ESI International, Arlington 2002.

[Fair94] *Fairley, R.:* Risk management for software projects. In: IEEE Software: 1994, S. 57-67.

[Fedt00] Fedtke, S.: Projektkompass Softwareentwicklung. Braunschweig 2000.

[Fink00] *Fink, D. (Hrsg.):* Management Consulting Fieldbook. Die Ansätze der großen Unternehmensberater. Vahlen, München 2000.

[Fran90] *Franke, A. (Hrsg.):* Risikomanagement von Projekten. TÜV Rheinland, Köln 1990.

[Fran93] *Franke, A. (Hrsg.):* Risikobewußtes Projektcontrolling. TÜV Rheinland, Köln 1993.

[Fres00] *Frese, E.:* Grundlagen der Organisation – Konzepte, Prinzipien, Strukturen. 7. Aufl., Wiesbadeb 2000.

[Fürn90] *Fürnrohr, M.:* Risikomanagement von Projekten: Methoden der Risikoanalyse – Zwei einfache Techniken der NASA und US-Army. TÜV Rheinland, Köln 1990.

[Gabl93] *Gabler (Hrsg,):* Wirtschafts-Lexikon, 13. Aufl., Gabler, Wiesbaden 1993.

[Gam96] *Gamber:* Ideen finden, Probleme lösen. Beltz, Weinheim 1996.

[Gaul02] *Gaulke, M.:* Risikomanagement in IT-Projekten. Oldenbourg, München 2002.

[Gar+97] *Garvey, P.: Phair, D.; Wilson, A.:* An Information Architecture for Risk Assessment and Management. In: IEEE Software. 1997, S. 25-34.

[Gern02] *Gernert, C.:* IT-Management: System statt Chaos. Ein praxisorientiertes Vorgehensmodell. 2. Aufl., Oldenbourg, München 2002.

[Gido85] *Gido, J.:* An Introduction to project planning. 2. Aufl., Industrial Press, New York 1985.

[Glea01] *Gleason, J.:* Risikomanagement: Wie Unternehmen finanzielle Risiken messen, steuern und optimieren. Campus-Verl., Frankfurt 2001.

[Grey95] *Grey, S.:* Practical Risk Assessment for Project Management. Wiley, London 1995.

[GoPr87] *Gomez, G.; Probst, G.:* Vernetztes Denken im Management. In: Die Orientierung Nr. 89, Schweizerische Volksbank. Bern 1987.

[Habe94] *Haberfellner, R.:* Systems Engineering: Methodik und Praxis. Industrielle Organisation. Zürich 1994.

[Hall86] *Haller, M.:* Risiko-Management: Eckpunkte eines integrierten Konzeptes. In: Schriften zur Unternehmensführung, Bd. 33, S.7-43.

[Har+00] *Hartmann, M.; Funk, R.; Arnold, C.:* Gekonnt moderieren. Beltz, Weinheim 2000.

[Hert64] *Hetz, D.:* Risk Analysis in Capital Investment, Havard Business Review 42, Nr. 1, 1964, S. 95 – 106.

[IDSS03] *IDS Scheer (Hrsg.):* Process Risk Scout. 2003. http://www.ids-scheer.de/, Abruf am 2003-08-01.

[IEC01] *DIN IEC 62198:2001: Project Risk Management – Application Guide.* 2001.

[Jac+95] *Jacobson, I.; Ericcson, M.; Jacobson, A.:* The Object Advantage: Business Process Reengineering with object technology. Addison-Wesley, Workingham 1995.

[Jia+00] *Jiang, J.; Klein, G.; Means, T.:* Project Risk Impact on Software Development Team Performance. In: Project Management Journal, Vol.31, Nr. 4, 2000.

[KaBo89] *Kangari, R.; Boyer, L. T.:* Risk Management by Expert Systems. In: PMJ Nr. 3, 1989, S. 40 – 48.

[Karg01] *Kargl, H.:* Projektcontrolling. In: HDM-Praxis der Wirtschaftsinformatik, Nr. 217, 2001. S. 29 - 42.

[Keit00] *Keitsch, D.:* Risikomanagement. Schäffer-Poeschel, Stuttgart 2000.

[Kell95] *Kellner, H.:* Die Kunst, DV-Projekte zum Erfolg zu führen. 2. Aufl., Hanser, München 1995.

[Kemp03] *Kempf, A.:* Forschungsprogramm an der Universität zu Köln: Graduiertenkolleg Risikomanagement. http://www.wiso.uni-koeln.de/graduiertenkolleg/forschungsprogramm/index.htm, Abruf am 2003-06-01.

[KiLi97] Kitschenham, B.; Linkman, S.: Estimates, Uncertainty, and Risk. In: IEEE Software, 1997, S. 69 –74.

[KonT98] KonTraG: Gesetz zur Kontrolle und Transparenz im Unternehmensbereich. 1998. www.risknet.de/Risk_Management/KonTraG.pdf. Abruf am 2002-08-03.

[Kuma02] Kumar, R.: Managing risk in IT projects: an options perspective. In: Information & Management Nr. 40, 2002, S. 63-74.

[Lech97] Lechler, T.: Erfolgsfaktoren des Projektmanagements. Lang, Frankfurt a. M. 1997. (Univ., Diss.)

[LiKu02] Litke, H.; Kunow, I.: Projektmanagement. 3. Aufl., Hauf, München 2002.

[Litk96] Litke, H.: DV-Projektmanagement. Zeit und Kosten richtig einschätzen. Hanser, München 1996.

[Lück98] Lück, W.: Der Umgang mit unternehmerischen Risiken durch ein Risikomanagementsystem und durch ein Überwachungssystem. In: DB 1998b, S.1925-1930.

[MaBe02] Maanen, H.; Berghout, B.: Cost management of IT beyond cost of ownership models. In: Evaluation and Program Planning Nr. 25, 2002, S. 167 – 173.

[Mang02] Mangold, P.: IT-Projektmanagement kompakt. Spektrum, Akad. Verl., Heidelberg 2002.

[Mor+00] Morgan, G.: Florig, K.; Kay, M.; Fischbeck, P.: Categorizing Risk for Risk Ranking. In: Risk Analysis Nr. 1, 2000, S 49 – 58.

[Mar+02] Martin, M.; Mauterer, H.; Gemünden, H.-G.: Systematisierung des Nutzens von ERP-Systemen in der Fertigungsindustrie. In: Wirtschaftsinformatik 44, Nr. 2, 2002, S. 109-116.

[Niwa89] Niwa, K.: Knowledge-Based Risk Management in Engeneering. Wiley, New York 1989.

[OMG03] Object Management Group (Hrsg.): OMG Unified Modeling Language Spezification, Version 1.5. http://www.omg.org/cgi-bin/doc?formal/03-03-01, 03-03-01, Abruf am 2003-04-27.

[Ortn02] Ortner, G.: Qualitatives Controlling durch Risikomanagement. In: Oxygon Nr. 11, 2002, 24-26.

[PaNe02] Patterson, F.; Neailey, K.: A Risk Register Database System to aid the management of project risk. In: International Journal of Project Management Nr. 20, 2002, S.365-374

Literaturverzeichnis

[PMI00] *Project Management Institute (Hrsg.):* A guide to the project management body of knowledge. Pennsylvania 2000. http://www.pmi.org/, Abruf am 2002-10-20.

[Prit97] *Pritchard, C. (Hrsg.):* Risk Management Concepts and Guidance. ESI International. Arlington 1997.

[Risk03] http://www.sciencedownload.com/Economics/Risk_Analysis/@Risk/, Abruf am 2003-03-05.

[Rum+93] *Rumbaugh, J.; Blaha, M.; Premerlani, W.; Eddy, F.; Lorensen, W.:* Objektorientiertes Modellieren und Entwerfen. Hanser, München 1993.

[Rupp02] Rupp, C.: Stakeholder, Ziele und der Systemkontext. http://www.hanser.de/leseprobe/2002/3-446-21960-9.pdf, Abruf am 2002-10-20.

[RSTe02] *Risk Services & Technology (Hrsg.):* http://www.risktrak.com/rstdemo.htm, Abruf am 2003-03-05.

[SAP01] *SAP AG (Hrsg.):* Handbuch SAP Web Application Server: Entwicklung von Web Anwendungen. Walldorf 2001.

[SAP02a] *SAP AG (Hrsg.):* Berger, G.; Blasius, I.: Erfolgssteigerung durch gezieltes Risikomanagement in mySAP.com-Projekten. Beitrag auf der SYSTEMS in München 2002.

[SAP02b] *SAP AG (Hrsg.):* Blasius, I: Risikomanagement in DV-Projekten. Umfrage mit freundlicher Unterstützung der DSAG. Hallbergmoos 2002.

[SAP02c] *SAP AG (Hrsg.):* Medert, M.: High Availability of core business processes. Walldorf 2002.

[SAP02d] *SAP AG (Hrsg.):* Handbuch PLM230 Projektcontrolling mit Netzplänen. Walldorf 2002.

[SAP98] *SAP AG (Hrsg.):* Listl, C.: Projektkontrolle & Projektsteuerung. Walldorf 1998.

[SAP99] *SAP AG (Hrsg.):* ASAP: Implementation Assistant 4.6a. Walldorf 1999.

[Schl02] *Schlicksupp:* Kreativ-Workshop. Vogel, Würzburg 1993.

[Schl03] *Schleupen AG (Hrsg.):* R2C. http://www.schleupen.de/, Abruf am 2003-03-05.

[Schn97] *Schnorrenberg, U.:* Risikomanagement in Projekten. Vieweg, Braunschweig 1997.

[SEI96] *Software Engineering Institute (Hrsg.):* http://www.sei.cmu.edu/, Abruf am 2002-10-20.

[Stei98] *Steinbruch, P.:* Projektorganisation und Projektmanagement. Ludwigshafen 1998.

[Stip99]   *Stippel, N.*: Innovations-Controlling. Vahlen, München 1999.

[Val+98]   *Valadares,T.; Ferreira,A.; Coelho, S.*: On the optimal management of project risk. In: European Journal of Operation Research 107. 1998, S. 451-469.

[Vari01]   *Varian, H. R.*: Grundzüge der Mikroökonomik. 5. Aufl., München 2001.

[Ver+96]   *Vermeulen, E.; Spronk J.; van der Wijst, N.*: Analyzing risk and performance using the multi-factor concept. In: European Journal of Operational Research. Nr. 93, 1996, S. 173-184.

[Vers03]   *Versteegen (Hrsg.)*: Risikomanagement in IT-Projekten. Springer, Heidelberg 2003.

[Voll02]   *Vollmuth, H.*: Kennzahlen. 2. Aufl., Haufe, Freiburg 2002.

[Wide92]   *Widemann, R. (Hrsg.)*: Project and program risk management: a guide to managing project risks and opportunities. West Sussex 1992.

[Will+99] *Williams, R.; Walker, J.*: Putting Risk Management into Practice. In: IEEE Software. 1997, S. 74-81.

[Zimm01]   *Zimmermann, W.*: Operations Research, Quantitative Methoden zur Entscheidungsvorbereitung. 10. Aufl., Oldenbourg, München 2001.

[Ziel80]   *Zielke, Wolfgang*: Handbuch Lern- und Arbeitstechniken. mvg-Verl., München 1980.

Anhang:

Anhang A: Fragebogen zum Thema Risikomanagement in DV-Projekten

Risikomanagement in DV-Projekten
Umfrage mit freundlicher Unterstützung der DSAG

Worum geht es bei der Befragung?
Die erfolgreiche Abwicklung großer SAP-Projekte bedingt ein professionelles Risikomanagement. Um Ihnen in Zukunft ein auf SAP-Projekte zugeschnittenes Risikomanagement anbieten zu können, soll das wertvolle Wissen von DSAG-Mitgliedern aus SAP-Projekten aufbereitet und vertieft werden.

Es ist uns wichtig, **Ihre Anforderungen an ein Risikomanagement** zu erfahren. Zudem würden wir gerne wissen, wie Sie Risikomanagement in SAP-Projekten durchgeführt haben und welche Erfahrungen Sie dabei gewonnen haben.

Wir haben die Umfrage mit **nur 14 Fragen** bewusst kurz gehalten. Sie können mit **ca. 15 Minuten** für die Beantwortung der Fragen rechnen. Für darüber hinaus gehende Anmerkungen sind wir Ihnen dankbar.

Was ist mit Risikomanagement in DV-Projekten gemeint?
Risikomanagement umfasst alle Maßnahmen zur Beurteilung und Verbesserung der Risikolage.
Eine detaillierte Erklärung finden sie im Anhang.

Was habe ich als SAP-Kunde davon?
Ein professionelles Risikomanagement trägt dazu bei, dass Projekte innerhalb des vorgesehenen Zeit-, Kosten- und Qualitätsrahmens abgeschlossen werden. Auch sind geringere Rücklagen für Risikovorsorge erforderlich, wenn durch Risikomanagement die Kosten differenziert kalkuliert werden.

Wie fließt Feedback?
Ihre Angaben werden streng vertaulich behandelt. Die Daten werden verdichtet und die **anonymen** Ergebnisse im Internet und/oder per Mailing bekannt gegeben.

Wo ist der Fragebogen abzugeben?
Bitte geben Sie den Fragebogen während des Kongresses am SAP-Stand ab oder senden ihn per Fax an SAP Deutschland AG & Co. KG, z.Hd. Iris Blasius: **+49 (811) 55 45 203**

1 Angaben zum Unternehmen

Branche

Aerospace & Defense
Automotive
Banking
Chemicals
Engineering & Construction
Financial Service Provider
Andere _____

Healthcare
Oil & Gas
Public Sector
Retail
Service Provider
Telecommunication

Worum handelte es sich bei Ihrem wichtigsten SAP-Projekt? **Größe des Projektes in Euro**

Neueinführung _____

Systemzusammenführung _____

Releasewechsel _____

Template erstellen und ausrollen _____

Welche Preisvereinbarungen wurden getroffen?

Festpreis
Verrechnung nach Aufwand
Andere _____

Welche Bereiche umfasste Ihr SAP-Projekt?
(Sie können mehrere Antwortkästchen ankreuzen)

Customer Relationship Management
Product Life Cycle Management
Technology & Development
Enterprise Portals & Marketplaces

Enterprise Management
Supply Chain Management
Human Ressource
Oder Angabe der Module _____

2 Wo würden Sie zum Thema Risikomanagement Unterstützung erwarten?
(Sie können mehrere Antwortkästchen ankreuzen)

Methoden
Tools
Risikomanager
Keine notwendig
Anmerkung _____

Anhang A

3 Was ist für Sie bei der Projektdurchführung entscheidend?
(Bitte Rangfolge 1,2,3 angeben)

Zeit

Kosten

Qualität

4 Kommen die folgenden Kategorien zur Strukturierung Ihrer Risikoliste in Frage?

　　　　　　　　　　　　　　　　Ja　　　　　　Nein

Projekt (Vorgehensweise)

Technik (Infrastruktur, Basis, ABAP)

Ressource

Produkt (Funktionalität, Applikation)

Change Management (Prozesse)

Anmerkung_____

_____

5 Wie hoch ist aus Ihrer Sicht das Risiko zu den unterschiedlichen Zeitpunkten im Projekt?

　　　　　　　　　　　　Gering　　Mittel　　Hoch

Angebotsphase

Projektvorbereitungsphase

Fachkonzepterstellung

Realisierung

Produktivstartvorbereitung

Produktivstart und Support

Anmerkung_____

_____

6 Mit welcher Technik planen Sie Ihre DV-Projekte?

Projektstrukturplan

Netzplan (Anordnungsbeziehungen)

Projektstrukturplan und Netzplan

Anmerkung_____

_____

7 Wie steuern und kontrollieren Sie Ihre Projekte?

(Sie können mehrere Antwortkästchen ankreuzen)

Statusberichte

Risikoliste

Abarbeitungsgrad

Meilensteine

Kapazitätsplanung

Anmerkung_____

---

8 Welche Abteilung sollte aus Ihrer Sicht den Risikomanager stellen; ist ein separater Risikomanager für Projekte erforderlich?

(Sie können mehrere Antwortkästchen ankreuzen)

IT-Abteilung	Projektleiter
Fachbereich	separater Risikomanager
Revision	Risikomanager ab einer Größe von_____Euro
Organisationsabteilung	von_____Manntagen
Externes Unternehmen	

Anmerkung_____

---

9 Wie viele mögliche Maßnahmen ermitteln Sie im Durchschnitt pro Risiko?

eine Maßnahme pro Risiko

ein bis zwei Maßnahmen pro Risiko

zwei bis drei Maßnahmen pro Risiko

mehr als drei Maßnahmen pro Risiko

Anmerkung_____

---

10 Zu wie viel Prozent können Sie folgende Arten von Risiken auf andere Firmen übertragen? (z. B. durch Unterstützung von außen)

        0 – 25%   26 – 50%   51 – 75%   76 –100%

System/Technik

Ressource

Projekt

Produkt

Change Management

Anmerkung_____

Anhang A 151

11 Auf welche Art werden bei Ihnen Rücklagen für Risiko im Projekt gebildet?
(Sie können mehrere Antwortkästchen ankreuzen)
Großzügige Projektkalkulation
Rücklagen für bekannte Risiken
Rücklagen für unbekannte Risiken
Separate Management-Rücklagen
____% vom Projektbudget wird für Rücklagen verwendet.
Anmerkung_____

12 Legen Sie in der Zielvereinbarung Kriterien fest, wann ein Projekt nicht mehr erfolgreich ist?
Ja
Nein
Anmerkung_____

13 Wann ist ein Projekt für Sie nicht mehr erfolgreich?
Dauer um _____% überschritten
Kosten um _____% überschritten
Nutzen um _____% Prozent reduziert
Qualität um_____% Prozent unterschritten
Anmerkung_____

14 Sollte ein nicht erfolgreiches Projekt aus Ihrer Sicht abgebrochen werden?
Ja
Nein
Anmerkung_____

Vielen Dank für Ihre Unterstützung!

ANHANG

Jedes Unternehmen erobert mit der Einführung einer neuen Datenverarbeitungssoftware Neuland. Wenn Neuland betreten wird, geschieht dies nie ohne Risiko. Gerade in einem enger werdenden Markt ist es entscheidend die Risken zu kennen, sie richtig einzuschätzen und ihnen mit geeigneten Maßnahmen zu begegnen. Weder das Unternehmen, das die neue Datenverarbeitung einführt, noch der Lösungsanbieter können es sich leisten, große Projekte außerhalb des vorgesehenen Zeit-, Kosten- und Qualitätsrahmens durchzuführen. Der unangemesse Umgang mit Risiken ist als Ursache für ein nicht erfolgreich abgeschlossenes DV-Projekt zu verhindern.

Unternehmen, die Risiken effektiv managen, sind nicht nur in der Lage „unvorhergesehene Katastrophen" zu verhindern, sondern haben durch eine genaue Differenzierung der Risikokosten die Möglichkeit, das Risiko-budget zu verringern. Die Kosten für das Risikomanagement sind an dem zu erwartenden Vorteil für das Unternehmen durch das DV-Projekt zu messen. Hier spielt die Betrachtung des Produktlebenszyklusses, also der Nutzen durch die neu eingeführte Software über ihre gesamte Einsatzdauer, eine Rolle. Risikomanagement ist ein Teil des Managementprozesses und kann in folgende Phasen untergliedert werden:

- Nutzenpotentiale und Ziele bestimmen
- Risiken identifizieren und klassifizieren
- Risiken quantifizieren
- Risiken priorisieren
- Maßnahmen planen
- Maßnahmen managen
- Monitoring und Risk Report

Die Phasen des Risikomanagementprozesses werden einzeln nacheinander durchlaufen, wobei sie nicht nur aufeinander aufbauen, sondern sich auch gegenseitig beeinflussen. Die vorherige Phase sollte jeweils abgeschlossen sein, bevor die nächste beginnt.

Nutzenpotentiale und Ziele sind aus zielorientierter Sicht zur der Identifizierung der Risiken vorab zu bestimmen. Die Nutzenpotenziale sind als Aufzeigen der Chancen zu sehen und die Ziele als Punkte, die möglicherweise gefährdet sein könnten.

Da nur bekannten Risiken durch risikopolitische Maßnahmen begegnet werden kann, steht am Anfang des risikopolitischen Prozesses die Identifikation und Klassifizierung der Risiken. Zunächst werden die potentiellen Risiken ermittelt ohne eine Bewertung vorzunehmen. Diese erfolgt erst in der nächsten Phase. Allerdings werden in dieser Phase nicht nur die Risiken identifiziert, sondern es wird auch jedes Risiko zu einer Risikokategorie zugeordnet. Bei der Zuordnung der Risikokategorien findet eine Klassifizierung der Risiken statt, um sie später gezielt wieder aufrufen zu können.

In der Bewertungsphase werden Risiken anhand ihrer Eintrittswahrscheinlichkeiten und potentiellen Schadenshöhen beurteilt. Es spielen individuelle bzw. kollektive Zielsetzungen und der Grad von Risikopräferenzen eine Rolle. Eine Bewertung kann daher nie vollkommen objektiv sein. Auf Basis der Bewertung werden die Risiken priorisiert und sortiert. Weitere Kriterien, die jedem Risiko mitgegeben werden sollten, sind das Datum der Nennung, der Name des Verantwortlichen der Maßnahme und den Status sowie die Kosten für Minderung.

Im nächsten Schritt sind geeignete risikopolitische Instrumente auszuwählen, um die Eintrittswahrscheinlichkeit von Risiken zu senken und/oder die Auswirkungen von Schäden zu begrenzen. Man kann die risikopolitischen Instrumenten in ursachenbezogene und wirkungsbezogene Maßnahmen untergliedern. Zu den ursachenbezogenen Maßnahmen zählen u.a. die Risikovermeidung mit dem Verzicht auf risikobehaftete Aktivitäten, der Verbesserung der Entscheidungsgrundlage durch Controlling und Marktforschung sowie die Verminderung der Risiken durch technische Vorsorgemaßnahmen. Wirkungsbezogene Maßnahmen haben das Ziel das Ausmaß möglicher Schäden zu verringern. Dies kann z. B. durch finanzielle Rücklagen geschehen. Eingetretene Schäden können von den Betroffenen selbst getragen oder auf dritte übertragen werden, Beispiele sind Haftungsbeschränkung und Garantie. Das Monitoring und der Risk Report erleichtern die Implementierung und Kontrolle des Risikomanagementprozesses.

Anhang B 153

Anhang B: UML Notation nach [OMG03]

B1 Strukturelemente

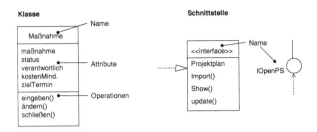

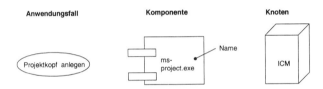

B2 Verhaltensweisen

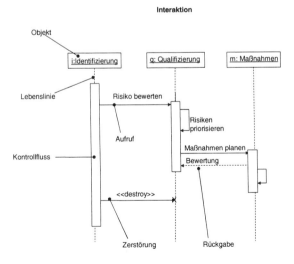

154   Anhang B

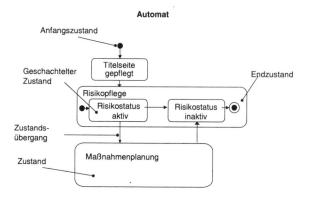

B3 Beziehungen

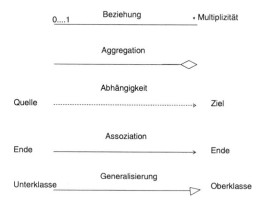